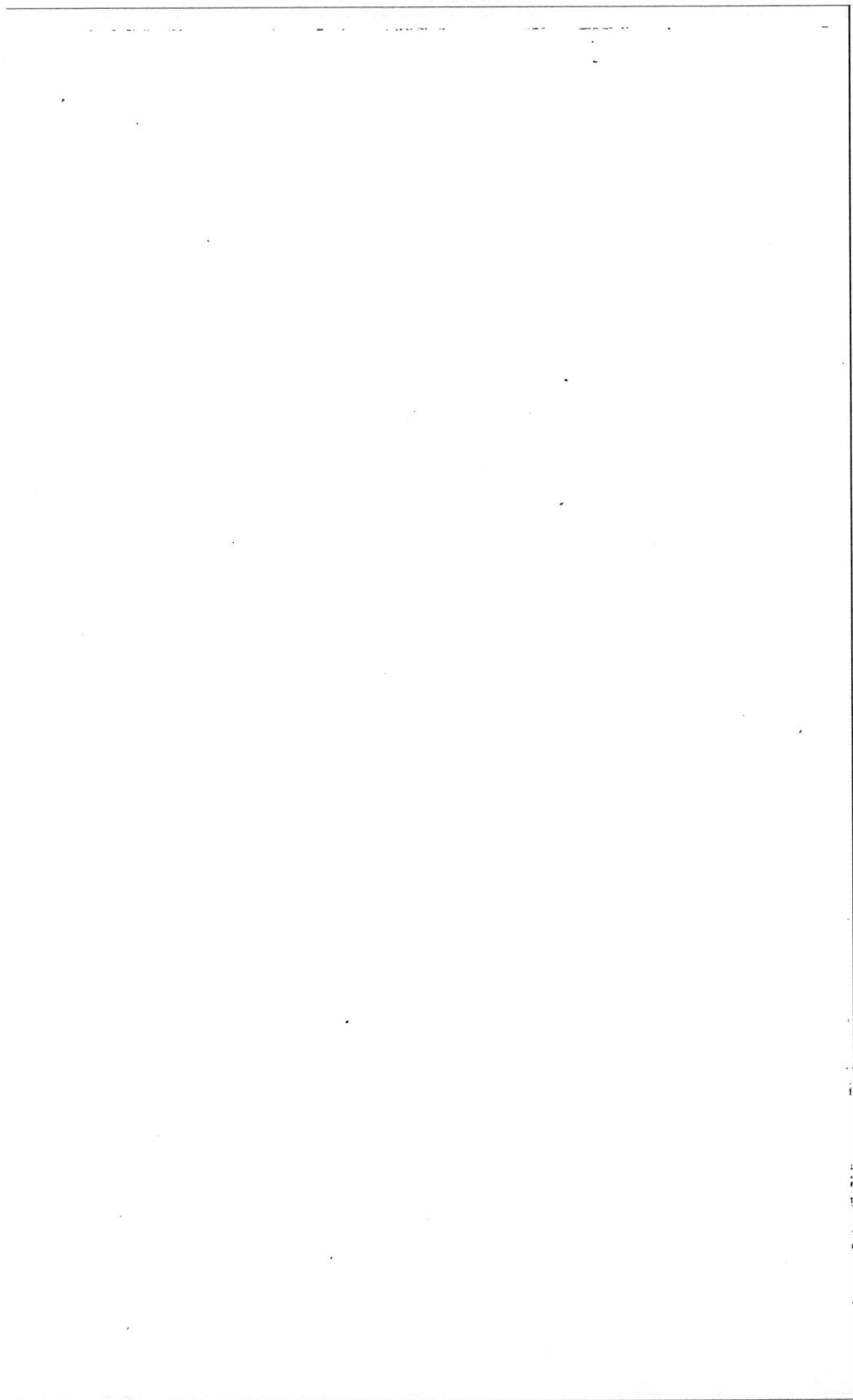

GRENOBLE INONDÉ.

DEUXIÈME ÉDITION.

Tiré à **1000** exemplaires,'

dont **10** sur papier de Hollande, numérotés,

et **10** sur papier de couleur, aussi numérotés.

—

Les gravures de ces 20 exemplaires sont tirées sur chine.

Grenoble, de l'imprimerie Maisonville et fils,
rue du Quai, 8.

GRENOBLE

INONDÉ.

2ᵉ ÉDITION, REVUE ET AUGMENTÉE,

CONTENANT .

1ᵒ UNE NOTICE DÉTAILLÉE

sur l'inondation du 2 novembre 1859, à Grenoble et dans la vallée.

2ᵒ UN TABLEAU DE TOUTES LES INONDATIONS CONNUES

de l'Isère et du Drac, depuis les temps les plus reculés jusqu'à nos jours.

3ᵒ LE RELEVÉ DES COTES DE LA HAUTEUR DE L'EAU

dans tous les quartiers et aux portes de Grenoble, pendant l'inondation du 2 novembre.

PAR M. J.-J.-A. PILOT.

4ᵒ GRENOBLO MALHÉROU,

Texte soigneusement collationné sur l'édition de 1733,
avec de nombreuses notes et une notice historique sur l'auteur du poême,
par M. PILOT.

5ᵒ COUPI DE LA LETTRA

Écrita per Blanc dit la Goutta à un de sos amis u sujet de l'inondation
arriva à Garnoblo la veille de Saint-Thomas 20. Decembro 1740.

6ᵒ LO DIALOGUO DE LE QUATRO COMARE.

7ᵒ GRENOBLO INONDA,

Ou récit circonstancia du malheurs qu'à causa l'Inondation arriva
lo vingt-un Decembro mil sept cens quaranta,
avec une notice sur Antoine Reinier, par M. PILOT.

SIX VUES DE L'INONDATION,

Tirées à part, gravées d'après des dessins de M. D. RAHOULT.

GRENOBLE,

MAISONVILLE ET FILS ET JOURDAN, LIBRAIRES-ÉDITEURS,

Rue du Quai, 8, vis-à-vis le Jardin de Ville.

1859.

1860

I.

INONDATION DU 2 NOVEMBRE

1859.

Depuis quatre-vingt-un ans, c'est-à-dire depuis le déluge de la Saint-Crépin 1778, resté profondément gravé dans le souvenir de nos pères, Grenoble n'a pas eu d'inondation aussi forte ni aussi terrible que celle qu'il vient d'éprouver, le 2 novembre 1859; cependant, deux jours avant le désastre, rien ne semblait encore devoir faire appréhender à la cité l'imminent danger qui la menaçait.

Des pluies peu abondantes, mais prolongées, survenues les 26, 29 et 31 octobre, jointes à un vent du midi (sud-ouest), qui fit fondre une partie des neiges

couvrant déjà les sommets des montagnes, avaient peu
à peu fait croître l'Isère d'une manière sensible,
comme il arrive presque chaque année à la même
époque, sans que toutefois l'on parût avoir aucune
crainte sérieuse, lorsqu'une pluie tiède et battante,
tombée au Mont-Cenis et dans la Savoie, les 31
octobre et 1ᵉʳ novembre, sur des neiges folles de
quatre à cinq pieds de haut, fit enfler les ruisseaux, les
torrents et les rivières. L'Isère, accrue bientôt par
ses nombreux affluents, prit alors des proportions
effrayantes, et qui le devinrent d'autant plus, que les
cîmes neigeuses des Alpes, par un temps lourd et
chaud, se déchargeaient ostensiblement.

Le 1ᵉʳ novembre, fête de la Toussaint, le vent du
sud, qui avait remplacé celui du sud-ouest, de la veille
et de l'avant-veille, porta, à midi, la température de 12
et 13 degrés centigrades à 19.

Au soir du même jour, l'eau, élevée à trois mètres
au-dessus de l'étiage, croissait à vue d'œil; on se rap-
pelait qu'à pareil soir, seize ans auparavant, le Drac,
violent et furieux, avait, un peu au-dessous du village du
Pont de Claix, emporté sa chaussée sur une longueur de
20 mètres; qu'il avait coupé la route, inondé ce village
et celui d'Échirolles, et que, de là, se répandant dans
la plaine, il était venu se réunir à l'Isère au-dessus de
l'Ile-Verte. Heureusement que ce torrent, toujours à
redouter pour Grenoble, et dont les eaux s'étaient
enflées par la première fonte des neiges, diminua de
0,60 centimètres au moment où l'Isère s'élevait.

Toute la nuit du 1er au 2 novembre, l'Isère ne fit qu'augmenter ; le lendemain matin, à huit heures, elle marquait, à l'hydromètre du pont de fer suspendu, 4 mètres 10 centimètres, dépassant ainsi les débordements arrivés en 1840, en 1816 et en 1856.

Dans ce moment, l'eau couvrait de 60 centimètres toute la partie basse de la rue Saint-Laurent, sur une assez grande étendue ; elle atteignait, sur l'autre bord de la rivière, les rues des Nones et du Bœuf. Déjà, elle avait aussi, dans l'intérieur de la ville, envahi, à l'une des extrémités de la place Grenette, la petite place St-François et les rues adjacentes, la place Saint-Louis à l'angle de la rue de France, ainsi que les parties les moins élevées de cette rue, joignant les rues Créqui, Saint-François et Montorge, la place Vaucanson, la rue Saint-Jacques, la rue Neuve du Lycée à son point de jonction avec les rues de l'Ancien-Gouvernement et de Saint-Vincent de Paul (ancienne rue Neuve des Pénitents), la rue Très-Cloîtres à l'angle de la rue Servan (ancienne rue Neuve des Capucins) et la rue du Vieux-Temple à l'angle de la petite rue conduisant à la Citadelle ; toutes les caves étaient remplies d'eau ; elle sortait de tous côtés par le sol, par les canaux et les égouts. En vain, l'on essayait, par de faibles obstacles, de l'empêcher d'entrer dans les magasins, les rez-de-chaussée, les cours, les allées : tout était inutile ; il fallait céder. L'eau circula en peu de temps sur la plupart des places et dans presque toutes les rues de la ville.

L'Isère, débordée sur les quais devenus insuffisants pour la contenir, offrait, entre les deux ponts, l'aspect d'un large fleuve impétueux. L'on voyait presque à chaque instant flotter, sur ses eaux terreuses, des planches, des bois, des fascines, des récoltes, de grosses courges, des fourrages, des clôtures de jardin, etc.; on y a remarqué même des meubles, des attraits d'a- griculture, des animaux morts, un tonneau, une voi- ture chargée de bottes de chanvre, une meule entière de paille avec sa perche, etc., tous indices attestant assez les ravages multipliés dont les campagnes avaient à souffrir.

Au-dehors, toute l'Ile-Verte et la partie du territoire de Grenoble autour du mur d'enceinte, depuis la Citadelle jusqu'à la porte Créqui, étaient couvertes d'eau; elle s'étendait, de ce dernier côté, le long du Cours Saint-André, jusqu'aux abords de la gare du chemin de fer, et à l'avenue Berriat, bien au delà des maisons qui avoisinent le Moulin de Canel; il y avait 75 centimètres d'eau dans les écuries de ce moulin, et plus de 1 mètre au-devant des premières maisons, au sortir de la porte Créqui.

Pendant la durée de l'inondation, les portes de Bonne, des Alpes et de Très-Cloîtres furent fermées pour éviter les courants et opposer une barrière à la force des eaux qui remplissaient les fossés des remparts et entraient, à la hauteur de 2 mètres 50 centimètres, dans les casemates, par les meurtrières. La poudrière, à la porte des Adieux, et son corps de garde, étaient

dans l'eau (1) ; là, le long des remparts, à côté du pont-
levis, s'était établi un courant des plus rapides (2). Une
voiture, envoyée pour porter secours, ne put lui ré-
sister ; elle fut entraînée et le cheval perdu ; le con-
ducteur ne parvint qu'avec peine à échapper lui-
même.

Au cimetière, il y avait de 1 mètre 65 centimètres
à 1 mètre 80 centimètres d'eau, et, lorsqu'elle s'est
retirée, on y a trouvé les croix arrachées, dispersées et
pêle-mêle. Durant quinze jours, du 2 au 17 novembre,
le service des inhumations au cimetière a été suspendu ; pendant ce temps, l'on a enterré provisoire-
ment sur un bastion de la porte des Alpes, et l'hôpital

---

(1) Il y eut dans cette poudrière, ainsi que dans celle de l'Arsenal, à côté de l'Hôpital, des poudres avariées en grande quantité ;
on n'eut pas, malgré toutes les diligences possibles, le temps de
les enlever assez tôt. Des vivres et des munitions, dans les magasins militaires et dans les salles du rez de chaussée du Muséum
d'histoire naturelle où l'on avait, faute de locaux suffisants, en-
treposé des provisions de bouche pour l'armée, furent également
perdus ou avariés. L'eau avait pénétré dans ces salles à une hauteur moyenne de 0m45 à 0m50.

(2) A l'intérieur de la ville, dans plusieurs rues et sur des places
s'étaient aussi formés des courants qui empêchaient le passage des
hommes, des chevaux, et même des voitures, et qui soulevaient
et entraînaient avec force tout ce qui se rencontrait au-devant.
Des bois de chêne de chantier ont été transportés d'un coin de
la place du Lycée dans la rue Saint-Jacques, et le lourd tablier
de la bascule du poids public, sur la même place, a été trouvé
près du château d'eau de la place Grenette.

garda ses morts. Au-dehors de la porte Saint-Laurent, l'Isère avait envahi la route sur une hauteur,
en quelques endroits, d'un mètre; depuis la dernière
maison, passé l'octroi, jusqu'au Rivalet, on commu-
niquait par un bateau.

Comme au dehors, l'intérieur de la ville était dans
l'eau; elle occupait les rues et les places. Des personnes sorties, une heure, une demi-heure, un quart
d'heure auparavant, à pied sec, de chez elles, ne
pouvaient plus y rentrer. Les communications se fai-
saient par quelques radeaux construits à la hâte, des
planches, quelques rares barquettes, des charriots, et
surtout par des voitures à bras, que trainaient des
hommes ayant de l'eau jusqu'à la ceinture et plus,
suivant les divers quartiers.

L'eau remplissait la crypte de l'église de Saint-Laurent (1), restaurée depuis peu ; elle entrait dans l'église
de l'hôpital (2) jusqu'à l'autel; dans celle du Lycée,

---

(1) A Saint-Laurent, M. le curé de cette paroisse et son vicaire
ont été obligés de descendre de la cure, par une fenêtre, au moyen
d'une échelle, pour se réfugier dans une maison voisine, chez Mme
veuve Jouvin, où d'autres personnes de ce quartier furent également
recueillies. Il y avait dans le rez-de-chaussée et dans l'allée du pres-
bytère, de l'eau à plus de 1 mètre 60 centimètres, niveau qui dépas-
sait de beaucoup celui du courant de la rue, à cause du barrage
des portes.

(2) Malgré la quantité d'eau qui inondait tout le rez-de-chaussée
de l'hôpital et la pharmacie, comme les malades habitent les étages

jusqu'à la marche du chœur (1); dans l'église de Notre-Dame de la Salette (ancienne chapelle des Pénitents) (2); dans le temple des protestants, à la hauteur d'un mètre; dans l'église du Grand-Séminaire, jusqu'à la première marche de la table de communion (3). Elle atteignait la quatrième marche de la façade de l'église de St-Louis (4); presque la cinquième marche de l'escalier de l'école professionnelle (5), et la première

---

supérieurs, ils n'eurent aucunement à souffrir. Les médecins n'ayant pas pu se rendre à l'hospice durant quelques heures, à cause de l'inondation, le service médical fut fait par les élèves internes qui se trouvaient dans l'établissement. — Elévation de l'eau à la porte de l'Hôpital, 1 mètre 25 centimètres.

(1) Elévation de l'eau, à la porte d'entrée de l'église du Lycée, 1 mètre 27 centimètres.

(2) Elévation de l'eau, à la porte d'entrée de l'église de Notre-Dame de la Salette, 1 mètre 25 centimètres.

(3) Dans la loge du portier, à côté de l'église qui est sur un terre-plain, près d'un mètre au-dessus du sol de la rue, l'eau s'est élevée à 0m25.

Les élèves du Grand-Séminaire se sont distingués dans cette inondation, en accourant au secours de plusieurs personnes de leur quartier. Ils ont aidé à transporter dans leurs salles les marchandises d'un négociant voisin, qui étaient en danger d'être perdues ou avariées, quoique dans la rue il y eût déjà beaucoup d'eau et qu'elle parût devenir menaçante.

(4) Élévation de l'eau à la porte de l'église., au-dessus du sol, 60 centimètres; au niveau même de la pierre d'assise, entre les deux piliers de chaque côté de la façade de l'église.

(5) Élévation de l'eau à la porte de la chapelle de l'école professionnelle, 95 centimètres.

marche de celui de la chapelle actuelle des Orphelines,
au fond de la rue Fer-à-Cheval (1) ; elle affleurait le
sol à la porte de l'église de Saint-Joseph, rasait le seuil
de la porte de derrière de l'église de Saint-André,
ainsi que le pavé du porche de la cathédrale, dans la
partie basse de la place (2). Ailleurs, l'eau s'avançait,
d'un côté, jusqu'au portail de la préfecture, sur la rue
du Quai; et, de l'autre, sur la place des Cordeliers,
jusque sous la voûte du Palais de justice, à trois
mètres seulement de l'escalier du tribunal civil.

La place Saint-André, la rue du Palais, la place aux
Herbes, la rue Brocherie, la partie haute de la place
Notre-Dame, la rue Saint-Hugues, la place des Tilleuls,
les parties des rues Bayard et des Prêtres y attenant,
la petite place de l'Ecu et presque sa ruelle entière, le
passage de cette place à la rue Pérollerie, cette rue
tout entière, le passage communiquant de cette même
rue à la place Claveyson, cette place, la cour de
Chaulnes enclavée entre la Grand'Rue et la rue Derrière-

(1) Élévation de l'eau à la porte d'entrée de la chapelle des
Orphelines (ancienne chapelle des Jésuites), 47 centimètres.

(2) Dès que l'eau parut sur cette place, des marchands épiciers
les plus rapprochés ayant demandé et obtenu la permission d'en-
treposer leurs marchandises sous le porche de l'église, s'occu-
pèrent à y faire transporter du sucre, du café, du savon, des huiles.
des farines, etc. Vers le soir, comme l'eau, au lieu de diminuer,
croissait toujours, et qu'on craignait que tous ces objets ne fussent
de plus en plus en danger, on se décida à les monter jusque
dans les tribunes de l'église.

Saint-André, le point de jonction de la rue de la Halle à celle de Lafayette, la partie élevée de l'ancienne Demi-Lune de la porte Très-Cloîtres, les abords des deux ponts et le quai de France, sont à peu près les seuls endroits jusqu'où l'eau ne soit pas montée; partout ailleurs, elle a plus ou moins recouvert le sol.

En amont et en aval de la ville, toute la plaine était devenue un vaste lac, s'étendant du pied d'une montagne à l'autre, et sur lequel n'apparaissaient plus que les cimes des arbres. Dans la plupart des communes qu'elle parcourt ou qu'elle sépare, l'Isère, toujours impétueuse dans ses inondations, a fait de grands ravages. A la Buissière, à Sainte-Marie-d'Alloix, au Touvet, à la Terrasse, à Lumbin, à Crolles, à Bernin, à Saint-Nazaire, à Saint-Ismier, et, sur la rive gauche, à Pontcharra, au Cheylas, à Goncelin, à Tencin, au Champ, les digues ont été coupées ou emportées sur plusieurs points. Au-dessous de Grenoble, à Saint-Egrève, à Noyarey, à Veurey, à Voreppe, à Moirans, à Tullins, à Poliénas, les digues et les chaussées ont eu le même sort. On a éprouvé partout des pertes considérables : à Saint-Égrève, la chaussée du chemin de fer a été submergée et la circulation interrompue; on a organisé sur-le-champ, dès la journée du 2 au matin, un service d'*omnibus* pour le transport des voyageurs jusqu'à Saint-Robert; mais il a fallu, le même jour, reporter ce service à Voreppe et successivement à Moirans. La reprise du service sur la voie ferrée de Grenoble a eu lieu le mardi 15 pour les marchandises, et le lendemain pour les voyageurs.

Plus loin, dans l'Oisans et dans le Valbonnais, les ruisseaux et les rivières ont aussi grossi. La Romanche a débordé dans la plaine du Bourg ; elle a renversé les ponts de bois de Saint-Barthélemy à Séchilienne, de Falcon et de Mésage.

Dès le commencement du sinistre, M. le Préfet de l'Isère, accompagné de MM. les ingénieurs, s'est porté à Saint-Égrève et à Saint-Robert, où l'eau venait de couper la digue. D'un autre côté, M. Millard, secrétaire général, et M. le Commissaire central, se sont rendus, dès le matin, à l'Ile-Verte, qui commençait à être submergée, afin d'y organiser des moyens de sauvetage pour les habitants des maisons que déjà l'eau envahissait de toutes parts.

Aux Granges, les habitants attendaient le même secours ; l'autorité militaire y envoya, pour les aider, des troupes auxquelles se joignirent quelques citoyens dévoués et courageux. D'autres troupes furent dirigées sur Saint-Robert. Dans la partie de l'ancien Polygone, au bord de l'Isère, entre la rivière et la chaussée de la voie ferrée, les habitants étaient dans la détresse ; les employés du chemin de fer y accoururent et réussirent à les amener sains et saufs sur la chaussée même. Chacun rivalisait de zèle. A Grenoble, des hommes, des femmes et des enfants ne craignaient pas de traverser les rues au milieu de l'eau et dans tous les points, afin de porter des vivres et des provisions aux personnes qui en manquaient. Vers les trois heures du soir, l'administration munici-

pale a fait connaître par une affiche (1), pour dissiper
toutes inquiétudes, que des mesures avaient été prises
pour les approvisionnements et le service de l'abattage
des bestiaux, ainsi que pour celui de l'éclairage public
et des inhumations.

La crue de l'Isère, des 1er et 2 novembre, s'est arrêtée de 8 à 9 heures du soir de ce dernier jour, à la
hauteur de 5m35 au-dessus de l'étiage, cinq centimètres de moins, seulement, que n'a été le niveau de
l'inondation arrivée le 25 octobre 1778 et connue géné-
ralement sous le nom de Déluge de la Saint-Crépin.
L'eau est restée stationnaire environ deux heures, et,
à partir de 10 à 11 heures du soir, elle a commencé
et continué à décroître pendant toute la nuit. Le lendemain matin, à huit heures, elle marquait quatre
mètres, ayant ainsi, en douze heures, diminué de tout
ce dont elle avait augmenté dans un pareil espace de
temps. Le soir du même jour (3 novembre) elle avait
diminué encore d'un nouveau mètre.

Quoique cette inondation, fort heureusement, n'ait
pas été d'une longue durée, elle n'a pas moins causé
des dégâts et des pertes importantes aux habitants chez

---

(1) Cette affiche, imprimée au rez de chaussée de la maison
Crozet (Voir en tête de ce volume la vue prise de la Terrasse du
Jardin de Ville), dans un atelier où l'eau s'élevait en ce moment
à 40 centimètres, porte ainsi l'indication du nom de l'imprimeur :
*Grenoble, de l'imprimerie — inondée — de Maisonville, rue du
Quai, 8.*

qui l'eau a pénétré, et, qui, surpris par une crue subite, n'ont pas eu le temps ou la possibilité de mettre
en lieu de sûreté leurs marchandises, denrées et provisions. L'eau a dégradé quelques talus de terrasse-
ment des fortifications ; elle a rompu, près de la porte
de Bonne, les deux canaux de conduite des fontaines
de la ville ; elle a, sur le quai, derrière le théâtre,
soulevé et renversé d'énormes pierres de la rampe du
débarcadère, et abattu avec une violence étonnante la
chaussée en pierre du pont de la Graille ou Créqui,
hors de cette porte, sur une longueur de 30 mètres,
brisé la rampe en fer, arraché les dalles du trottoir et
affouillé le sol. La triperie, construite en partie en
pisé, sur le bord de l'Isère, à peu de distance de l'a-
battoir, et une maison à la Croix-Rouge, hors de la
porte Très-Cloîtres, se sont écroulées. Un homme des
Granges a été trouvé mort, en dehors de la porte de
Bonne ; il tenait fortement embrassé un arbre sur lequel il aura sans doute inutilement tenté de se réfugier.
Deux hommes ont aussi péri à Saint-Nazaire, victimes
de l'inondation, en bravant le danger pour aller im-
prudemment chercher des outils laissés dans un champ ;
ils étaient trois ; le père, le fils et un domestique ; le
père, plus âgé et plus faible, succomba le premier ; son
domestique, après de longs efforts, se croyait sauvé
ayant réussi à saisir les branches d'un arbre ; mais
l'arbre et lui furent bientôt entraînés. Le fils, seul,
fut assez heureux pour parvenir à monter sur un
arbre qui résista au courant et où il se tint jusqu'à ce
que, longtemps après, on eût pu lui porter secours.

Dans la vallée, ainsi que nous l'avons dit plus haut, depuis la frontière sarde jusqu'à Poliénas, l'Isère, sur un long parcours de plus de quatre-vingts kilomètres, a débordé partout et promené ses ravages. Toutes les communes sur son littoral ont eu à souffrir plus ou moins suivant leur position, la nature et les accidents du sol. Nous avons déjà donné le nom des localités dont les digues ou chaussées ont été rompues : les communes même dont les digues ont résisté, n'ont pas été plus épargnées, à cause des courants venant des ruptures des digues voisines qui s'y sont formés et les ont sillonnées en tous sens. Il y a eu des lieux complètement submergés, où l'eau s'est trouvée sans écoulement. Des terrains ont été recouverts de gra-viers ; d'autres emportés ou corrodés. Dans les terres labourées, les semences et les engrais ont été perdus ; l'eau y a laissé des couches épaisses de vase et de limon, de 10 à 30 centimètres et même plus.

A la Buissière, de malheureux fermiers, surpris par l'inondation, se sont vus tout à coup séparés de la terre ferme par 5 ou 600 mètres d'eau ; ce n'est qu'avec peine qu'on a pu, au moyen de barques, arriver jusqu'à eux ; ils ont perdu des récoltes et une partie de leur mo-bilier.

A la Pierre, quoique les digues aient pu lutter contre la force et la violence des eaux, les habitants n'ont pas moins éprouvé de grandes pertes, parce que l'Isère ayant rompu la chaussée du syndicat du Bas-

Tencin, est venue presque engloutir la partie basse de la commune. Toutes les récoltes qui étaient encore dehors, des meules de paille et de blé, des perches de foin furent entraînées : des terrains y sont restés couverts d'eau durant plusieurs jours.

A Saint-Nazaire, à Saint-Ismier, à Gières, la plaine ne fut qu'un lac. Sur cette dernière commune, les approvisionnements de matériaux pour les fabriques de tuiles qui y sont depuis longtemps établies, ont été complétement emportés et détruits.

La partie de la plaine en aval de Grenoble, en suivant Saint-Égrève, le Fontanil, Voreppe, Moirans, a été peut-être plus maltraitée encore. Dès le 1er novembre, à cinq heures du soir, l'Isère emporta la digue au-dessous de l'asile de Saint-Robert et se fraya par la plaine un nouveau lit jusqu'à Voreppe, renversant tout sur son passage. Des habitants éperdus quittèrent leurs maisons à la hâte; tous ne purent pas même fuir. Assez près de l'ouverture de la digue, une famille entière, enveloppée par les eaux dans son habitation, y est restée dix-sept heures avant que trois déterminés bateliers eussent pu lui porter secours. Bientôt toutes les digues furent rompues; cependant les maux auraient pu être plus grands, si les habitants, transportés en masse sur les lieux du danger, n'eussent, dans plusieurs endroits, par un travail constant, opiniâtre et des plus actifs, réussi, soit à rejeter l'Isère dans son lit, soit à se rendre maîtres des commencements de rupture qui s'opéraient çà et là.

A Moirans, la partie la plus pauvre de la commune

est celle qui a été le plus frappée par l'inondation. Des familles nombreuses ont perdu leurs denrées et leurs récoltes ; quelques maisons et plusieurs granges se sont écroulées.

Sur d'autres points, surtout dans l'Oisans et dans le Valbonnais, les cours d'eau, grossis par les pluies et par la fonte des neiges, ont fait aussi de nombreux dégâts. Dans la plaine de l'Oisans, la Romanche a détruit en grande partie les terres ensemencées. Dans la même plaine, le ruisseau de la Sarène a entraîné des monceaux de cailloux et de blocs de pierre, et a considérablement endommagé les quelques maisons du village de la Tannerie.

INDICATION

DE

PLUSIEURS RUES ET PLACES

OU L'EAU S'EST ÉLEVÉE A UN MÈTRE ET AU-DESSUS,

LE 2 NOVEMBRE 1859 (1).

A l'angle de la place Saint-François et de la rue Bressieux.	1ᵐ	85ᶜ
A l'angle des rues Bressieux et Saint-François..........	1	81
A l'angle des rues de France et Saint-François..........	1	66
A l'angle des rues Saint-Jacques et Expilly............	1	58
A l'angle des rues Saint-Louis et Saint-François........	1	54
Dans la rue Saint-Laurent, en face de la grande fontaine..	1	50
A l'angle des rues Servan et Très-Cloîtres............	1	50
A l'angle des rues du Lycée et de l'Ancien-Gouvernement.	1	47
A l'angle des rues de France et Créqui................	1	47
Au fond de l'impasse de la place Saint-Jean............	1	46
A l'angle des rues Montorge et de France.............	1	44
A l'angle des rues du Vieux-Temple et de la Citadelle....	1	44
A l'angle des rues Saint-Louis et Traversine...........	1	42
A l'angle de la place et de la rue du Bœuf............	1	33
A l'angle de la place Vaucanson et de la rue Saint-Jacques.	1	32
A l'angle de la place Saint-Louis et de la rue de France....	1	31

(1) Les cotes d'élévation que nous donnons sont prises au-dessus du niveau du sol de la voie publique. Il est évident que dans les magasins, les rez de chaussées, les cours et les jardins, en contrebas de ce sol, il y a eu beaucoup plus d'eau.

A l'angle des rues des Nones et du pont Saint-Jaymes..... 1 30
A l'angle de la rue de France et de la place Saint-Jean... 1 29
A l'angle des rues de France et de la Manutention........ 1 27
A l'angle de la rue Neuve du Lycée et de la rue Pertuisière. 1 25
Sur la place Vaucanson.................................. 1 25
Dans la rue du Bœuf (partie la plus basse)............. 1 25
Sous la voûte de la place Grenette à la rue de la Halle.... 1 22
Dans l'endroit le plus bas de la rue du Four............. 1 22
A l'angle des rues Très-Cloîtres et des Minimes......... 1 18
A l'angle de la place du Lycée et de la rue Condillac...... 1 14
A l'angle de la place Vaucanson et de la rue Créqui...... 1 11
A l'angle de la rue de l'Hôpital et de la place Saint-Jean, à côté de la porte d'entrée de l'Arsenal................ 1 10
A l'angle des rues du Vieux-Temple et Sainte-Ursule...... 1 10
A l'angle de la place d'Armes et de la rue Eugénie....... 1 10
A l'angie de la place du Bœuf et de la rue du pont Saint-Jaymes.. 1 05
A l'angle des rues Créqui et des Remparts.............. 1 05
A l'angle du passage de la Bibliothèque et de la rue du Lycée 1 03
A l'angle des rues Malakoff et Haxo 1 01
A l'angle des rues des Morts et des Casernes de Bonne..... 1 »
A l'angle de la place Notre-Dame et de la rue des Récollets. 1 »

INDICATION

Des Rues et Places où l'eau s'est élevée à moins d'un mètre.

A l'angle des rues Saint-Louis et Créqui............... 0 m 99 c
A l'angle de la place Grenette et de la Grand'Rue....... 0 98
A l'angle de la place Vaucanson et de la rue joignant la petite place de l'Étoile......................... 0 97
A l'angle de la place d'Armes et de la rue des Alpes...... 0 92
A l'angle des rues Créqui et Saint-Louis.............. 0 92
A l'endroit le plus bas de la rue de l'ancien faubourg Très-Cloîtres 0 90
A l'angle des rues des Dauphins et Cornélie........... 0 90
A l'angle des rues du Pont-Saint-Jaymes et Chenoise.... 0 90

A l'angle de la place de l'Étoile et de la rue Saint-Joseph..	0	89
Sur la place du Bœuf (hôtel Vaulserre).	0	87
A l'angle des rues de l'Ancien-Gouvernement et Abbé de la Salle....................................	0	86
A l'angle des rues Saint-Louis et des Morts............	0	84
A l'angle des rues Abbé de la Salle et Villars...........	0	81
Sur la place Neuve, dans l'endroit le plus bas...........	0	80
A l'angle des rues Fourier et Villars.................	0	80
A l'angle de la place d'Armes et de la rue Lesdiguières..	0	76
A l'angle de la rue de France et des Augustins	0	74
A l'angle de la rue Napoléon et de la place de l'Étoile....	0	73
A l'angle des rues de Bonne et Derrière-Saint-Louis.....	0	72
A l'angle des rues de Bonne et Créqui.................	0	71
Dans l'endroit le plus bas de la rue du Gaz............	0	70
A l'angle des rues Napoléon et Champollion............	0	65
A l'angle des rues de France et de Moidieu.............	0	64
A la fontaine, dans la ruelle dite Fond du Soc, allant de la rue de l'ancien faubourg Très-Cloîtres aux Remparts...	0	58
A l'angle de la rue Lafayette et de la rue Neuve, à côté de la Halle....................................	0	52
A l'angle des rues Casimir Périer et Eugénie...........	0	50
A l'angle des rues Villars et Dolomieu.................	0	41
A l'angle des rues de Sault et de Bonne...............	0	40
Sur la place Saint-Bruno...........................	0	40

On n'a pas cru devoir donner les cotes au-dessous de ce chiffre.

NIVEAU

Jusqu'où l'eau s'est élevée, à l'entrée des Portes de la ville.

Porte Très-Cloîtres...............................	1	69
Porte des Alpes...................................	1	55
Porte des Adieux..................................	1	36
Porte de Bonne...................................	1	00
Porte Créqui.....................................	0	77

A la porte Saint-Laurent, l'eau qui venait de la rue s'est arrêtée à 3 mètres en avant du trottoir du corps de garde.

ÉLÉVATION DE L'EAU

A côté du portail de la banque de France.............. 1 42

A la porte du corps de garde sur la place Grenette....... 1 36

A la porte du Lycée............................... 1 20

A la porte d'entrée du dépôt d'armes, dans la rue Très-Cloîtres (ancien couvent de Sainte-Marie-d'en-Bas).... 1 20

A la poudrière hors la porte des Adieux............... 1 17

A l'entrée des casernes de Bonne.................... 1 05

Dans le bois du Jardin de Ville..................... 1 »

A l'entrée des casernes de l'Oratoire................. 0 98

A la porte du magasin des lits militaires dans la rue Servan (ancienne rue Neuve des Capucins)................ 0 94

A l'entrée de l'Évêché.........................,...... 0 92

A la porte du magasin de Sainte-Cécile, dans la rue Servan (ancienne église de Ste-Cécile)..................... 0 76

A la porte d'entrée de la Bibliothèque................. 0 60

A l'entrée de la Halle, du côté de la place............. 0 60

Au portail de l'arsenal, sur la rue du Quai............. 0 55

Sous le péristyle du musée d'histoire naturelle.......... 0 50

A la porte des nouvelles prisons en construction........ 0 30

Dans la citadelle l'eau s'est élevée, dans la partie basse de la cour, à 0m66 ; mais elle n'est point arrivée à la porte d'entrée.

TABLEAU

DES

PRINCIPALES INONDATIONS

QUI ONT EU LIEU A GRENOBLE

Depuis les temps les plus reculés jusqu'à nos jours.

————◆◆◆————

Munatius Plancus fait mention de l'Isère dans trois lettres écrites l'an 43 avant l'ère chrétienne, à Cicéron, pour lui faire part de ses mouvements stratégiques dans le pays des Allobroges et des Voconces, contre Lépidus, leur ennemi commun. Dans l'une de ces lettres, il rapporte que le 4 des ides de mai (12 mai), il a passé cette rivière sur un pont jeté en un jour, et la désigne sous le nom de *flumine maximo*, deux mots qui, sans doute, auraient été bien peu justes, si, dans ce moment, l'Isère, plus grosse que de coutume, n'eût effectivement offert l'aspect d'un fleuve ou d'une masse d'eau considérable, que ne contenait plus son lit ordinaire. Il est probable que Plancus aura trouvé l'Isère débordée, circonstance qui lui permettait d'employer les expressions précitées.

580. — Inondation.

592. — Autre inondation.

Saint Hugues, évêque de Grenoble, fait construire dans cette ville un pont sur l'Isère, vers l'an 1095; on croit que ce pont en remplaçait un précédent, qui aurait été emporté par les eaux.

1191.—Cette année, une partie du rocher de la Fare, descendue de Vaudaine, dans la gorge de Livet, y intercepte la Romanche et forme un barrage d'une hauteur considérable, jusqu'où s'élèvent les eaux de la rivière, après avoir changé la plaine du Bourg-d'Oisans en un lac d'une vaste étendue, appelé lac de Saint-Laurent.

1219. 14 et 15 septembre. — Rupture subite du lac de St-Laurent ci-dessus. Les eaux suivent avec impétuosité le cours de la Romanche, emportent l'ancien pont du Drac, près de Claix, couvrent les campagnes et se précipitent, pendant la nuit, sur Grenoble, qu'elles submergent complètement en quelques heures, ne laissant aux habitants éperdus que le temps de gagner le haut des toits et des tours; le pont en pierre, sur l'Isère, est renversé; un grand nombre de personnes périssent dans cette affreuse inondation. — En comparant autant que possible l'état présent du lit de l'Isère avec ce qu'il a pu être autrefois, on trouve que les eaux durent s'élever, à cette époque, à plus de 9 mètres au-dessus de l'étiage actuel.

1377. — Le torrent du Drac, enflé par de fortes crues, détruit les fonds cultivés, les maisons, les prés et les jardins autour de la ville, entre les anciennes portes de l'Eguyer et Porte-Traîne.

1469. 8 août.— L'Isère inonde la plaine en aval de Grenoble, et menace la ville.

1471.—Le Drac quitte son lit au rocher de Brion, couvre la plaine et vient se jeter contre les remparts de la ville et la maison de la trésorerie qu'elle endommage; les murailles sont affouillées jusqu'aux fondations; une des tours qu'on venait de reconstruire est renversée.

1524. Au mois de février. — L'eau couvre une partie de la plaine; à Grenoble, elle entre dans presque toutes les rues, au point que l'on peut s'y promener en barquette.

1525. 22 août. — L'eau pénètre dans les rues du Bœuf, des Nones et du Pont Saint-Jaymes.

1579. Au mois de septembre. — Quelques maisons, le long de la rue Saint-Laurent, et une maison sur le pont sont emportées par les eaux. La reine mère, Catherine de Médicis, qui se trouvait alors à Grenoble où elle s'était rendue pour tâcher de concilier les catholiques et les protestants, fut si effrayée que, craignant une submersion de la ville, elle se réfugia au couvent de Montfleury, au-dessus de la Tronche. *(La seconde semaine de septembre 1579, la Reyne estant encore à Grenoble, la rivière de l'Isère fust si grande et plus que homme lors vivant ne l'avoit veu; elle emporta, par furie, plusieurs maisons le long de la rue Saint-Laurent et dessus le pont; elle fit des dommages innextimables; la Reyne craignant quelque submersion, ne voulust coucher en la dicte ville; mais se retira, sur le soir, au monastère de Montfleury, qui est sur le haut des vignes de Grenoble. On estoit esmerveillé de telle inondation et déluge, veu qu'il n'avoit rien pleu en Dauphiné. —* Manuscrit d'Eustache PIÉMONT).

1651. 14 novembre. — Élévation au-dessus de l'étiage, plus de 6^{m}50. — Deux arches et la tour du pont de pierre, le seul qu'il y eût alors à Grenoble, sont emportées par l'Isère. Une famille, compo-sée de six personnes, qui habitait cette tour, périt tout entière. L'eau parcourt toute la ville, à l'exception des rues Brocherie et du Palais et des places de Mal-Conseil (place aux Herbes) et de Saint-André (tous ces points étaient, à cette époque, plus élevés qu'ils ne le sont aujourd'hui). On va en bateaux sur la place Notre-Dame.

Même année. 30 novembre. — Nouvelle inondation, aussi terri-ble que la précédente; le reste du pont est emporté. On se con-tente de relever, en pierre, les piles du pont, sur lesquelles fut jetée une charpente en bois, qui, renouvelée à diverses époques, a fait place au pont suspendu actuel.

1673. 5 juillet. — Élévation au-dessus de l'étiage, 5^{m}40. — L'eau s'étend jusqu'à l'église de l'ancien couvent de Sainte-Claire (au-jourd'hui place de Sainte-Claire), de manière à empêcher d'y entrer.

1711. 11 février. — Élévation au-dessus de l'étiage, 4^{m}65. L'eau pénètre de tous côtés dans l'intérieur de la ville, par les canaux et les égouts souterrains; elle arrive, sur la place Notre-Dame, jusqu'à l'angle de la rue Brocherie.

1729. 14 juillet. — Débordement de l'Isère dans la plaine.

1732. — Autre débordement de l'Isère.

1733. 14 et 15 septembre. — Elévation au-dessus de l'étiage, 5ᵐ57. — L'eau couvre la plupart des rues et des places; elle entre dans la cathédrale et autres églises, dans la prison et dans le palais de justice. Il n'y a d'exceptées que l'église et la place St-André, la place aux Herbes, la petite place Claveyson (aujourd'hui agrandie), les rues Brocherie, Pérollerie et du Palais et une partie de la Grand'Rue; trois maisons, dans la rue Saint-Laurent, sont renversées par la violence des eaux.

1737. — Débordement de l'Isère.

1740. 20 et 21 novembre; *Déluge de la Saint-Thomas.* — Élévation au-dessus de l'étiage, 5ᵐ70. — Les radeaux et barques circulent dans presque toutes les rues de la ville. L'eau couvre entièrement la place Notre-Dame et s'avance dans l'église jusqu'au pied du bénitier.

1764. 20 juin. — Elévation au-dessus de l'étiage, 4 mètres 65 centimètres. — L'Isère inonde les parties basses de la place Notre-Dame, du côté de la rue Brocherie et de la rue Très-Cloîtres, ainsi que sous la voûte qui existait près de l'évêché.

1778. 25 et 26 octobre. — *Déluge de Saint Crépin.* — Elévation au-dessus de l'étiage, 5 mètres 40 centimètres. — Comme en 1733, 1741 et en 1764, l'Isère couvre les rues de la ville et les places; comme ces années, elle n'atteint point les places aux Herbes et de Saint-André, ni les rues Brocherie, du Palais et Pérollerie.

1787. 23 juillet. — L'eau paraît au faubourg Très-Cloîtres.

1816. 31 juillet. — Elévation au-dessus de l'étiage, 3 mètres 80 centimètres. — L'eau pénètre dans le faubourg Très-Cloîtres et dans la rue Saint-Laurent; elle déborde sur l'ancien quai, en face du Jardin de Ville.

1839. 17 septembre. — Elévation au-dessus de l'étiage, 2 mètres 40 centimètres.

1840. 18 novembre. — Elévation au-dessus de l'étiage, 3 mètres 20 centimètres. — L'eau couvre l'Ile-Verte, arrive dans le faubourg Très-Cloîtres et y pénètre dans quelques maisons.

1844. 25 novembre. — L'eau reste au-dessous du débordement de l'année précédente.

1849. 17 juin. — Débordement de l'Isère, en amont et en aval de la ville.

Même année. 25 novembre, crue de l'Isère. — Elévation au-dessus de l'étiage, 2 mètres.

1851. 1er août. — Elévation au-dessus de l'étiage, 2 mètres 50 centimètres.

1852. 13 août. — Débordement dans toute la plaine. — Elévation au-dessus de l'étiage : 3 mètres.

1856. 31 mai. — Elévation au-dessus de l'étiage, 3 mètres 80 centimètres. — L'eau pénètre dans la partie basse de la rue Saint-Laurent, à l'angle de la rue Saint-François et de la petite place au-devant, et dans la rue Bressieux.

———

Toutes ces inondations et d'autres sont décrites avec leurs détails et l'indication des travaux proposés ou entrepris à chaque époque pour se garantir d'un nouveau malheur, dans un ouvrage intitulé : *Recherches sur les inondations dans la vallée de l'Isère*, publié en 1856, à la suite du désastre arrivé cette année (1).

Les deux inondations particulières de 1773 et 1740 ont eu leurs poètes; elles ont été chantées en vers patois de Grenoble ; il existe,

———

(1) Quelques exemplaires de cet intéressant travail, qui a pour auteur M. J.-J.-A. PILOT, existent encore à la librairie Maisonville et fils et Jourdan.

à ce sujet, trois jolis petits poèmes, dont deux sont de Blanc-Lagoutte, ayant pour titre, le premier : *Grenoblo Malherou*, *à M****, 1733, et, le second : *Coupi de la lettra u sujet de l'inondation arriva à Garnoblo, le 20 décembro 1740*. Le troisième poème est : *Grenoblo inonda ou Récit circonstancia du malheurs qu'à* (sic) *causa l'inondation arriva lo vingt-un décembro mil sept cens quaranta; par le sieur A. R. — Grenoble, André Faure, MDCCXLI.*

Un *Noël* en patois, de 1740, fait aussi mention de l'inondation de cette année, connue sous le nom de *Déluge de Saint-Thomas.*

II

GRENOBLO MALHEROU.

A MONSIEUR ***

Quan ben ne vou chaut ren, de le gen de ma sorta,
Je voudrin bien povey fare uvri voutra porta,
Intra chieu vou, Monsieu, vou leva mon chapet,
Vou rendre mou devey, vou zuffri mou respect,
Mais d'avey ce l'honnou, l'esperanci s'envole,
Je seu tout rebuti, la goutta me désole,
Je ne poey plus marchié, décendre, ni monta,
A pompon lorion, je me foey charronta,
A pena din le man; poey-je teni mon Livro,
Je n'ay plu que lou zieux, et quatro deigt de libro,

Je seu sans apetit, je ne poey ren dormi,

Enfin jamey gouttou, ne souffrït tant que mi,

Maugra tant de chagrin, quan je seu las de lire,

Quoque fey per hazard, je me meilo d'écrire.

J'estropio quoque vers, je foey quoque chanson,

Que n'ont lo plu souvent, ni rima, ni raison,

Et qu'amuzont pamoin le jouëne ricandelle,

Que voudriont toujour vey de babiole nouvelle.

Grossié me diri-vou, faudrit parla François?

Y ne me revint pas, si bien que lou Patois,

Quand à me délassié, ma Musetta m'invite,

Je metto per écrit, ce que la fola dicte,

N'attendant de celey, ni profit, ni renom,

Passant mou tristou zan, j'instruirai mou Nevon ;

Veyquia ce que m'a fat barboulié prou d'ouvrageo,

Sans crainta qu'on blamey mon barbaro langageo,

Ore je parlarai, tant de l'Inondation,

Que du zautro sujet, que causont l'affliction.

A pena rassûra de la pou de la pesta (1),

Creyant d'avey fléchi la colera celesta,

Lou pourou z'habitan de tout lo Dauphina,

Viviont tant bien que ma, du jour à la journa,

A Grenoblo su tout, lou pleizi commençavont,

Lo bon temp reveniet, lou Bit s'apriveysavont,

Le gen de qualita payavon lou Marchan,

Si vou voulia de sou, vou n'avia su lo champ ;

Lo bla, lo vin, la chair, coma l'autra pidanci,
De per tout lo paï, veniet en abondanci,
Din lo sein de la Pay, lou z'artisan conten,
Bevion quoque picote (2), et passavont lo temp ;
Mais din lo moin d'un an, toute chouse changiront,
L'argent se ressarrit, et lou vivre augmentiront,
Tant yat que du dépui, tout va de mal en pi,
Vint un nouveau malheur, quand l'autro eyt assoupi.

L'on n'enten raconta, que de triste nouvelle,
L'on ne veyt que Brigand, que procés, que querelle,
La Réligion se perd, n'yat plu de régulié,
Le gen d'Eglézi font coma lou séculié,
Lo Palai retentit du procés qu'ont lou Preitre,
N'yat plu de sûreta, pa même din lou Cloître,
Mille Contrebandié remplissont le preyson (3),
Celou détermina tuont lou Sauta-bouisson,
Lou loup de temp-en-temp, ravageont cetta terra,
Lo Ciel, l'aigua, lo feu nou déclaront la guerra,
Un an n'yat point de bla, l'autro n'yat point de vin,
Et l'Or fond din le man, san savey q'u dévin,
Si n'eyre lou Soudar que sont din la Provinci,
La boursa de prout gen, sarit incou plu minci.

Qui pourra-to pensa, que de Contrebandié,
De Manan que n'ont ren, de méchen garaudié,
Ayezont fat complot d'extermina lou Garde,
2e   3

Lou zun lou metton nuds, font incan de lour zarde,
Lou zautrou d'un logi, tiront dou malheirou,
Et lou font ressenti, ce que pot la furou,
A la Coüat du Chivau, lou sorton d'un Villageo,
Lou donont mille coup, lou copont lo visageo,
Lo pistolet en man, lou ménont din lo Bois,
Et lou font prendre fin, lou veyant u zabois.
Ne s'eyre jamey veu de tale zinsolence,
Ne s'eyre jamey fat de si grande violence,
Nou le zont veu fini, quan per ordre du Rey,
En Savoey, en Comtat, z'yeut de troupe régley,
Qui sans coup de fezuit, ni sans donna batailli,
Dispersiron bientou touta cela canailli.
Cent, sont alla rama, mais lor maître Barct,
At eu lo mêmo sort, que Cartouche et Nivet.

Tantou lo Drac groussi de le ney que se fondont,
Ou du rut qu'en bruyant de tou lou rochié tombont,
Coulant rapidament tout lo long du Zilat,
Vint metta la frayou jusqu'à din la Villat ;
Le Zarche vainament l'y barront lo passageo,
En versant pe dessu, per tout y fat ravageo,
Tout lou champ Zélisez (4) sont couvert de gravier,
Lou meublo, lou toneau flotont tout chieu Reinier (5),
Lo Païsan que veyt que l'aigua l'environe,
Fat sorti son Bêtial, lo chasse, l'abandonne ;
La garda du Canon (6), lo mounié de Canel (7),

Montont su lo couvert, tout coma Chantarel (8) ;
Le grange, lou glaci, lou foussé se remplissont,
Pe dehor, pe dedin, mille cri retentissont,
Commandant, Intendant u flambeau vont u Cour,
Font parti de batteut, pe donna de secour,
Mais lassa su lo champ, l'aigua devint si forta,
Qu'y fat tomba lo pont qu'aboutit à la porta,
Prout gen que son dessu, chayon din lo débrit,
Et un joëno Maria funestament perit.

Tantou lo loup surpren un efant que s'égare,
Tantou lo vint nafrâ din lou brat de sa mare,
L'un tuët una filli, l'y traverse lo Drac,
Iqy l'on veyt un pied, ylay l'on veyt un brat,
L'autro pren u colen un home que labore,
Qu'en bien se défendant, n'eyt quitto pe se lore ;
Et un hardi Bergié, que s'eyt précautiona,
Revint du champ sanglant, et sans man, et sans na.

D'où vint-to tant de brut, qu'éto-mei que j'entendo,
U feu ? Lo Takacin reveille tout lo mondo,
Y l'eyt ver l'Arcenat (9), tout court de ceu coutié,
Le gen de Polici sont chieu lou banatié (10) ;
D'aigua, tout eyt perdu, veyé monta le flame,
Gara lou Recolé, l'Evêchié, Nôtre-Dame (11),
Vitou de Charpentié pe coupa lo covert,
Tandi que pe monta, lo chamin eyt ouvert :

Avec l'ora que fat, chaque Quartié deyt craindre,
L'on veyt vola lo feu, l'on veyt vola le cindre,
Et jamey l'Etna dont on fat grand cancan,
Ne fit tant de fracat que ceu nouvet Volcan,
Combien de famillet son ruiney sans ressourca,
N'yat que n'ont ren sauva, meublo, lingeo, ni boursa,
L'argent, lo fer, l'acier, coma plomb s'eyt fondu,
Et lo pou qu'a resta, se trove confondu ;
L'Évêque, l'Intendant, font de grande largesse,
Pe soulagié celou que la mala-fan presse :
Icy je cessarin de vou z'entreteni,
Mais las ! Noutrou malheur ne sont pas tou fini.

Tot ore m'eyt avi, que quoquaren me pousse,
Ou que d'un tremblament, je sinto le secousse,
Je ne sey si la terra ou lo ciel va s'uvri,
Din ce l'extremita, que fare, et ou couri,
Devint not à plen jour, un vent épouvantablo,
Suit lou coup redoubla d'un tonnerro effroyablo ;
La pleyvi se mélant pe dedin lou zéclair,
De moment en moment fat dispareître l'air.
Quinto brut, j'ay pâli, je creyin que la foudra,
Brulave la Villa, la reduiziet en poudra,
Una poura fena, qu'y n'a fat que touchié,
Eyt tomba de ceu cop, reida su son planchié.

Musa ne me fui pas veycia ben d'autre zoure,

A-t-eu quoque chagrin, te fâ lo groin, te ploure,
Je foey ce que je poey pe te fare pleizi,
Tin me donc compagnit, tandi que j'ay leizi ;
Eh ben, te ne dit mot, pesta de la quintouza,
Ore que faut parla, devindrès-tu reivouza :
Conta ce que te sça de la désolation,
Du malheur, du dégat, qu'a fat l'inondation ;
Je conneisso ton ma, te voudria toûjour rire,
Lo temp passa n'eyt plu, n'eyt pas de joey que vire

Q'un désordre, Grand Dieu, qui pourra l'exprima,
Home portant chapet verra-to tant de ma ?
La terra dispareyt, le montagnet se beissont,
A veu d'œu, lou Tourrent et le Riviére creissont ,
Grenoblo et son Terroir, eyt una plena mer,
Tombe d'aigua du ciel, et n'en sort de l'enfer,
La Luna, lo Soley s'arrêtont din lor coursa,
Lo Drac et l'Isera remontont ver lor sourça,
Un ouragan furiou menace le meison,
Tout tremble, lou bestiau, lou zuzeu, lou peysson,
Le fenet, le fillet, lou zefan se désolont,
Lou z'home consterna foiblament lou consolont,
L'un s'enfuit sans sçavey quinto chamin teni,
L'autro se veyant prey, ne sçat que deveni,
L'aigua nou vint de loin, dejà su la Romanchi,
L'on ne veyt plu de Pont, ni de Port, ni de planchi,
Plu forta que lo Drac, y lo fat écarta,

A son rapido cour, ren ne pot resista ;

A pena sont-ey joint, qu'inondant lou Villageo,

Din lo milieu du champ, le bêtie font naufrageo ;

Versant de tout coutié, détruisant lou barfey,

Le terre, le prali, sont toute dégressey ;

De Clay (12) din la Villa, n'yat point de chamin libro,

Semble que l'Izera lo tint din l'équilibro,

Le Pleyve de Savoey, qu'ont dura plusieur jour,

Ont mey à la vola tout lou Rut d'alentour ;

Aussi fût-ey jamey si groussa, ni si forta?

Et qui l'aviet-to veu s'étendre de la sorta?

Touta la Valeya ne semble qu'un étang,

Lou zabro, lou fenié, lou gerbié vont flottant ,

Minet grange, meyson, le détruit, le renverse.

Enfin din lou Faux-bourg l'on s'aperçeyt qu'y verse, *

Tout lou zingénieur, dejà sont à chivat,

Qui court cey, qui court ley, l'un vint et l'autro vat ;

Tandi que lou curiou din le ru se promenont,

Pe dona de secour lou Soudar se démenont ;

A lour têta l'on veyt lo Seignou Commandant (13)

Avec touta sa Cour, ainsi que l'Intendant (14),

Lou zordre sont dona pe cantonna deux porte,

Pe chargié de fumier, l'on mene de barrote,

Chacun fat son devey, siton dit, sitou fat ;

* Le 14. Septembre 1733.
  Note de l'A.

Cependant plot toûjour, l'aigua creyt, la not chat,

L'on charche de flambeau, de falot, de lanterne,

Qui court à l'Arcenat, qui court à le Cazerne,

A pena Nivernois (15), que veniet d'arriva,

Eut quitta l'abresat, que fallit dériva ;

Sortiet d'aigua pertout, lou zégout, le bialeyre,

Aviont dejà bouchat trey ou quatro charreyre,

Dessout lot Pont de Bois (16), su lo quay, ver lo Bou (17),

Darnié lou Cordelié (18), l'Isera faziet pou,

Le gen de Saint Loren (19), celou de la Percyri (20),

De toute le façon eyront din la miseri,

La pou d'être neyat, la pou d'être écrasa,

Ne lou donave pas lo leizi de pensa ,

Trey quart de le meyson, coma cloche brandavont,

U traver de la ru, le fenet se sauvavont,

L'una chieu son veyzin, l'autra pe le vignet,

L'una chargea de fi, l'autra de coulagnet,

Tandi que lou Tambour battiont la generala :

L'Intendant vigilant fit dégarni sa Sala,

Prit un détachiment, volit sans se troubla,

Du Magazin du Rey (21), fare enleva lo bla ;

Lou Coussio (22) su lo champ, sagiment résonniront ,

A tout lou Boulongié, de coïre commandiront ;

Sans celey lou Soudar ouriont manqua de pan,

Et prout du zartisan, ouriont endura fan,

U son de trompetta, se publiit un ordre,

D'illumina pertout, de crainta du désordre,

La Garnison ceu not, sans couchi, ni carret,
Coma lor épeyet, couchit din son fourret,

Déja dépui long-temp, la Cita malheirouza,
Attendiet u leva, * l'Aurora pareissouza,
Quand pe chassié la not, ou lieu de se coulou,
De pou du méchent air, eilli prenit son loup,
Se cachant pe darnié, lo plus épais nuageo,
Eilli fut din un saut uprès de Sassenageo.
Lou z'habitan surprey, veyant que tout lor not,
Fermont lor boutiquet, et bagage que pot,
L'aigua gagne pertout, le Garde de le Porte,
Pe l'empachié d'intra, ne se trovont pas forte,
Ne se verrat jamey pareilli confusion,
Tant crain-to lo petit, que ceu de condition,
L'un ploure son cousin, l'autro ploure son frare,
L'un craint pe sa fena, l'autro pe sa comare,
L'on ne reconneyt plu, ni maître, ni valet,
Talo qu'a dix laquais, se trove tout solet,
Et coma personna n'aviet veu tau délugeo,
Qui de cey, qui de ley, couriet charchié refugeo;
Aussi din moin de ren, Grenoblo tout entier,
Se trouvit ressarra din un petit Quartier?
Din toute le meison, de pertout l'aigua intrâve,
Eilli ne couriet pas, semblâve qu'y volàve,

* Le 15 septembre.

Cela rapidita surprend lo plu prudant,

L'un tançône son vin, l'autro son égardant.

Lo drapié dégarnit toute se zétageire,

De même lo Mercié, de même le lingeire,

Ceu quitte son plan-pied, l'autro son magazin,

Qui court chieu son parent, qui va chieu son veysin,

Pe sauva son séné, ceu-qy perd sa rubarba,

L'autro veyt son savon que se fond à sa barba,

Pe garanda son bien, n'yat personna d'oisif,

L'un sort d'huilo de noï, l'autro d'huilo d'olif,

L'un porte de sucro, l'autro de cassonnada,

Ceu pose son caffé, pe sauva sa moutarda ;

Iqy l'on veyt de cuir, iley l'on veyt de fer,

Icy d'home plu nier, que de lutin d'Enfer,

La mare din sou brat, emporte sa marmailli,

L'efan tout étourdi, prend son pare en carcailli,

L'un charge sa serou, l'autro sa cousina,

L'un deu de se fillet, un autro sa fena ;

Pertout l'on veyt gaffa de garçon, de servente,

L'aigua, lo brut, l'effrey, la confusion augmente,

Celou vont su lo quay, pe charchié de batteu,

Lou zautro ver lo Bou, construisont de radeu,

Lou zun ont de mulet, de bidet, ou de rosse,

Lou zautro font sella lor chivau de Carrosse,

Si n'yat que vont pe vey, n'yat d'autro qu'ont lo soin,

De soulagié celou, qu'ont un pressant besoin ;

Monsieu de Maillibois (23), en granda diligenci,

Montant su son battet, se rend à l'Intendanci ;
Iqy lo Gouverneur (24), Colonels, Officiers,
Uprès du General, venion de tous quartiers,
Lou Soudar din lo lour, dépui long-temp nageavont,
Celou qu'eyront dessout, u dessu se logeavont,
L'Etat Major doutant, qu'y fussiont sûrament,
De lou zalla queri, l'yeut un commandament,
Din lo pou de terrain, que l'aigua nous laissâve,
En sortant du battet, lo Major lou plaçâve :
U Clochié Saint André, Musa, ti qu'és monta,
Ce que t'a veu d'iqy, te devria raconta ?

Tala qu'on veyt la mer, u fort de la tempêta,
L'Isera fat dressié lou chaveu de la têta,
Grenoblo t'es perdu, lo monstro t'engloutit,
Mal avisa fut ceu, qui si bas te plantit ;
De plainte redoubley, tou lou zécho gemissont,
De te vey tant souffri, le Roche s'attendrissont,
J'entendo la serpen, et lo dragon sibla (*),
Te tombe à tout moment, de Charibbe en Scylla,
Su lour gouffrou profond, l'yat de chamin frayablo,
Mais hélas su cettou, n'yat point de navigablo,
Faudra-to prendre fin, entre la terra et l'air,

(*) L'Isère et le Drac; allusion au dicton :
La Serpen et lo Dragon
Mettront Grenoblo en savon.
N. des Ed.

D'y songié solament, fat frisonna la chair,

Mon sang din me venet, devint plus fret que mabro,

Veyant de poure gen, su le pointe du zabro,

Pe l'aigua, pe la fan, en dangié de mouri,

Sans que qui (que) ce siet poesse lou secouri,

Lo dégat que pareyt, ne se pot bien comprendre;

L'on ne veyt rien de set, tant que veüa pot s'étendre,

Le Grange (25) sont cachéy, la Plana (26), l'Isla-vert (27),

Et celou de Saint Roch (28), sont dessu lou couvert;

Cependant lou batteu voguont pe le charreyre,

L'on rencontre pertout, miseyre su miseyre,

Din lou trey z'hopitau (29), pareyt tout renversa,

Pe darnié, pe devan, le Bialeyre ont versa (30),

Lou malado, lou san, creignont de mêma sorta,

Et talo que n'a ren, voudrit passa la porta,

De crainta de peri, le Sœur Carmelitet (31),

Dedin la Charité (32), se refugiont toutet,

Lou Pere de lour soin lou donont bella marqua,

Y sont tout Batelié, lor Portal sert de barqua,

Celou pourou quartié, sont ben si ma traitta,

Que tous lou Zinquelin, songeont de lou quitta;

Pe la rue Saint François, pe la nouvella enceinta (33),

L'on veyt autant de ma, que ver la maison peinta (34),

Un valet d'Ecuiri, din l'aigua jusqu'u cou,

A mey de vingt mulet, va coupa lo licou,

En nageant, de Chivau, se rendont su le place,

D'autro per un parquet, montont sur le terrace,

Si l'on veyt lo Fermier (35), promena sa grandeur,
Marcieu lo Chivalié (36), toûjour vif, plen d'ardeur,
Que n'a jamey trembla, su terra, ni su l'onda,
Pe donna de secour, poursuit pertout sa ronda,
Pardonna me, s'iou plaît, si je trancho son nom,
N'eyt pas ren pe ly outa brisi de son renom,
Mais souvent maugra mi, ma Musetta fantasqua.
Din lo milieu du cop, vint me fare una frasqua,

Ou seu-je poura-mi, je perdo lo siblet,
Et·je ne valo pas quatro clou de soufflet,
Din un petit goliat, je voey fare naufrageo,
Finisse que voudra, cetteu méchent ouvrageo ;
Mon esprit s'eyt troubla, noutron Pont eyt détruit,
Ceu Pont, ceu bravo Pont, si bravament construit,
Ceu Pont digno projet d'un Intendant illustro,
Pe lo plu fatal sort, a moin dura d'un lustro,
Qui pot-to se flatta, de lo vey retabli,
D'autro que pressont mieu, lo mettront din l'oubli ;
Qu'yeto que je veyo, su ceu radet que flotte,
Ceu que dépui qu'eyt jour, dessu son Chival trotte,
Monsieu de Monferra (37), qu'à tant de poure gen,
Porte de pan, de vin, et lou baille d'argen,
L'on l'a veu ver lo Bou, ver lo Pey˙(38), pe Tra-cloutra,
Tout crota, tout moüilla, tout perci d'outra en outra.

Enfin pe cent zendret, lo Drac s'eyt écoula, *

* Le 16 septembre.

Semble que l'Isera ne voudrit pas mola,

Cependant maugra ley, et de dépit hontousa,

Eilli s'en va grondant, din sa couchi bourbousa ;

Déja lo Cordon-bleu, Monsieu de Fontanieu (39),

Nombro de Colonels, lou Messieu de Marcieu (40),

Su lour fringuant chivau, vont veyre lo domageo,

Et pe lo repara, mettont tout en usageo,

Lou foussey sont tout plen, lou glaci tou rasa,

Tou lou Pont sont rompu, lou chamin tou creusa ;

Ne faudrit pa songié de sorti pe la Grailli ,

Lo pont eyt renversa, tout coma la murailli,

Ceu de Bona pressant d'être racommoda,

L'yat pe y travaillié, de soudar commanda,

Pe dedin Saint Loren, nombro de meyson fendont,

N'yat trey que sont tombey, et prout d'autre que brandont,

Pe touta la Villa, de crainta du segrot,

L'on défend de roula Carrosse, ni barrot,

Chacun devant chieu si : coïve, neteye, lave,

Qui tire sou tonneau, qui fat voïda se cave,

Si lou Grand pe lor gen, se font complimenta,

Celou du tier état couront se visita,

L'un va vey sou parent, sou gendre, sou beaufrere,

L'autro sou créancier, sou zami, sou confrere,

Ceu va chieu son Patron, ceu chieu son débiteur,

Et la bigota court charchié son Directeur :

Coma lo matelot échapa de l'orageo,

Racomode sou mât, sou voilo, sous cordageo,
De même l'habitant din sa meyson ferma,
Tâche du mieu qu'y pot, de repara son ma,
Emode sou zéfan, soa garçon, se servente ;
Mais un novet souci l'inquiéte et lo tourmente,
N'yat ren din son amat, ren à son ratelié,
Lou four ni lou moulin ne pont pas travalié,
Lou Bouchié ne tuont pa, lor bêtie sont perduë,
Lou vin sont empesta, le zaigue corrompuë ;
Avec l'Or l'on a tout, dion le gen quoque fey,
Ore avec leu pamoin, l'on ourit fan et sey,
Si lou Coussio prudent, ne donnavon de zordre,
D'adure de pertout quoquaren de que mordre ;
Pe nou facilita, de mieux nou manleva,
Durant trey semanet tou lou dret sont leva ;
L'Intendant attentif : coma farit un pare,
Nou fat din tou lou temp, tout lo bien q'u pot fare.

Izera, ta furou pareyt bien en tout lieu,
Te devia garanda lou Templo du bon Dieu,
Jusqu'à su lou z'Autel, et din lo Sanctuairo,
T'es veniot profana, noutrou sacra mistairo.
Carmes (41) vou zu sçavé, Cordelié (42), Capucins (43),
Faillit de son Palais, sorti lo Saint du Saints,
Lou pourou Recolé, durant vingt ans de quêta,
Ne pourront repara la mêta de lour perta ;
Dedin lor grand Couvent, l'Eglézi, lo dortoir,

Sont san dessu dessout, coma lo Refectoir ;

Faut que lou Jacopin (44), recouvrézont lour tombe,

Hérou lou Zaugustin (45), si lor Cloître ne tombe,

Eyt tout bouleversa, chieu le Zurselinet (46),

A la Visitation (47), chieu le Zorphelinet (48),

Jesuîte (49), Penitens (50), Paroisse, Séminairo (51),

Vou zavé ressinti ceu malheur populairo,

Minimes (52) qu'eûtes pou, non san justa raison,

Ne sarat set d'un an, din voutre deux maison ;

L'aigua se fit chamin, dedin la Cathedrala (53),

Et enfin n'exemptit, que la Collégiala (54),

Eglézi soletat, din lo nombro de vingt,

Où l'on ne cessit pas lo serviço divin ;

Fachou ressouveni du plus tristo spectaclo,

Themis din son Palais, ne rendiet plus d'oraclo,

Maugra tou sou effort, lo liquido Element,

Intrit coma Darbon, din sou zapartament,

Soulevant sou planchié, de même que de liégo,

Renversit sou Bureau, sou zarmeyro, sou siégeo (55),

Et din l'affrou sejour, où règne Bigillon (56),

Lou criminel moüilliat, sortiront du Crotton ;

Y fut din la grand ru, jusqu'à la Cour de Chaulnes (57),

N'yaviet chieu lou Drappié de l'hautou de lour zaulnes,

Tant yat n'yeut ren de set, que la poulaliari (58),

Lo ban de Mau-consey (59), et la ru Bróchari (60),

La placi Saint André (61), cela de la volailli (62),

Et l'Isla Claveyson (63), où je seu pe la pailli,

En l'an cinquanta et un, lou zun diont que n'yeut moin
Lou zoutro que n'yeut mey, mais n'yat plu de temoin.

Qui pourrat habita cetta Villa puanta,
Cimenta de trey pied, d'una bourba gluanta,
Plu neiri que pegit, plus sala que bertou,
Qu'infecte le meyson, et que nou jaunit tou :
Qui verra san fremi, ceu sans parey domageo,
Tant d'habitan ruina, que quittont lor loyageo,
De gen de tou lou zart, et de tou lou métié,
Que demandont lor pan, dedin chaque quartié,
Veyé pe Saint Loren, veyé pe la Pereyri (64),
Veyé pe lo Faux-bourg, malheirousa charreyri,
Iqy l'aigua couriet dessu lou Talapet,
Lo Blanchié, n'a plus ren, alun, huilo, ni pet,
N'y plu de chenevou chieu lou pourou pigneiro,
Etoupet, colagnet sont partié pe Beaucairo,
Le fenet désoley, possedey du folet,
Vont chieu lou Tésseran, pe charchié lour telet,
L'una trove son fi, din la laqua bourbouza,
L'autra veyt sa tela, sablonouza, terrouza,
Poura mi, dit l'una, veyquia tout mon tresor,
Mon fi qu'eyre si fin, et plu jauno que l'or,
L'autra cryet en plourant, n'en dite ren, Comare,
Mon home ne sçat pa, que j'en fazezou fare ;
Iqy lo Sarralié déroüille sou zoutit,
Iley lo Gargotié, detarre sou pontit,

Lo chapellié gemit d'avey perdu se forme,

A leu lo Boulongié se joint et se conforme,

De repara son four, ne vaut pa la pena,

Y l'at perdu son boï, son bla, sa farina ;

Veyé ceu Tinturié, la fumeyri l'étôfe,

Faut de tou sou marchan, replongié le zétôfe ;

Icy lo Bonnetié relave sou bonnet,

Iley lo Menuisié trove son chantié net ;

Lo Terralié contrit, ne se démêne guero,

Sou pot sont tou cassa, se bouteillet, sou véro,

Lo Sellié fat sechié se vache de roussi,

Lo Cordanié, sou cuir, et sou viau qu'ont muzi,

Lo Savatié du coin, plu pêmo que marmota,

N'auze plu ricanyé, ni sibla la linota ;

Qui de cey, qui de ley, chacun s'en sentirat,

Et tau n'y pense pa, que s'en souventarât :

L'Epicié mêta mort, soûpirant de miseyri,

Peiche din sa meyson, lo reste de sa féri,

Que d'huilo, d'audevi, de giroflo perdu,

Que de poivro gâta, que de sucro fondu.

L'esquina, lo gayat, et la salsipareilli,

Se trovont mêlangeat din lo bol et l'orseilli,

L'on trove tout ensen, lo thé, lo quinquina,

Lo gingembro, l'anit, et l'ipékakuana,

Chieu l'un n'a ren resta, din se caisse de mana.

Ny point d'huilo d'aspic, dedin sa Dama Jana,

Chieu l'autro lo verdet s'eyt fondu coma sa,

2ᵉ   4

Din de nier en fumé, son miel s'eyt renversa,
De toute le coulou lo bizarro mélangeo,
Barbouille lou zouvrié, lou fat pareitre étrangeo,
L'ocro, lo minion, lo cinabro, l'alun,
L'azur et l'indigo se trovont din lo glun,
L'un fat sechié son blanc, son tournasol, sa laqua ;
L'autro son amidon, qu'y tire de la laqua ;
Combien de chandellet, et de coton moüillat,
De fromageo pourri, de buro patroüillat,
De zétofe gatey, de drap de toute sorte,
Combien de vin versa, combien de bêtie morte,
Lo bla du Grenatié, din l'antrepos germa ;
Enfin tout s'en sintit, et chacun eût de ma,
N'yeut personna d'exempt, et lou Zapoticairo,
Perdiront lor sirop, et lor zelectuairo.

Musa changi de ton, laissi lou malhérou,
Faut parla du bienfat du z'home generou ;
Du zancien Dauphinois, l'yat incou de la raci,
L'yat incoura de gen que font tout avec graci,
De Noblo que lo reng, le charge, lou zemplois,
Ne rendont pa plu fier, que lou simplo Bourgeois ;
De Grand, que la vertu renge du premier ordre,
Et que ni lou jaloux, ni l'envey n'ont pû mordre,
Talou sont lou Grammont (63), de Vaulx (66), de Dolo-
    mieu (67),

Talou lou Saint André (68), lou Tençin (69), lou Marcieu (70),

Lou Varse (71), lou Gratet (72), lou Vidaud (73), lou Si-
miana (74),

Lou Viennois (75), lou Langon (76), lou Vachon (77), lou
Bayana (78);

Tale cent famillet, pe qui la Renomma,

Ouvririt se bouchet, si lou faillet nomma;

Din tou lou zaccident, coma dedin de sources,

Lou pourou pont compta de poïzié din lour bourses,

Jamey lou demandou ne pont lou preveni,

De ce qu'y l'ont donna, perdant lo souveni,

A bien servi lo Rey, ainsi qu'on lou veyt lesto,

A soulagié lou mau, de même sont'ey presto,

Din ceu darnié malheur, nou n'ont veu lou zéfat,

Que n'ont'ey pa donna, q'un bien n'ont'ey pas fat,

Sans amusié le gen de promesse frivole,

L'un chieu quatro Curau (79), fit porta cent pistole;

De pareilli somma, plusieur firont present,

Un Grand, din sou quartié, donnit de bla, d'argen,

Un Prélat * que de l'Or, coma de ren fat conto,

Baillit abondamment (80), coma lo Corps du Compto:

Iquien n'empâchit pas lou don Particulié,

Tout lâchit, Presiden, Gen du Rey, Conseillié,

L'Evêque, lou Zabbé, din cela trista criza,

* Monseigneur l'Archevêque d'Embrun.

Ainsi que l'Intendant, donniron bien lor miza,
Lou z'home d'Epeyat, lou z'home de Barreau,
Tou lou z'Entrepreneur, lou Commi du Bureau,
Chacun din son état, din ceu temp de détressi,
De sou peti moyen, u pourou fit largessi,
Qui donnit dix Loüis d'Or, qui cinq, qui vingt écus,
Ceu ce que l'y failliet, l'autro son superflus,
Per cllou lou Chartrou, lou z'Hopitau coëssiront,
Lou Bourgeois, lou Marchand, qui pou, qui prout donni-
    ront,
Tant de bien ramassa, dispersa sagiment,
A plusieur malheirou, donnit soulagiment :
Beliau qu'un meliou temp, adoucirât le perte,
Tant de chagrin coyant, tant de peine soufferte ;
Mais y ne rendra pa, le terre, le prali,
Lou jardin, le vignet, le zisle, lou tailli.
La serpen d'Izera, lo long de son rivageo,
A fat en pou de temp, un surprenant ravageo ;
No zavon veu passa de meublo, de toneau,
De gerblé, de fenié, de planchié, de plateau,
D'établo, de couvert, et de bois de charpenta,
Tantou l'on la veyet, comma una Isla flotanta,
Garnia d'abro frutier, d'araro, de chariot,
D'échiele, de rateu, de z'herpie et de barot,
Tantou roulant le rouët de quoque zartificio,
Et le z'engloutissant dedin sou précipicio.
On ne sçourit nombra, le bêtie sumergey,

Lou moulin renversa, le meyson délabrey,
Lou batteu qu'ont peri, tant lou plen que lou vouido,
Lo bla que s'eyt gâta din lou z'andret humido ;
Din lo Grenié du Rey, la sa que s'eyt fondiot,
Ni tant de farina chieu lou Mounié perdiot.

Cependant le danrey de jour en jour augmentont,
Sort pertout de troupet, que ver Briançon montont (81),
Per alla jusqu'iqy, faut fare de circuit,
Quinze pont pe lo moin, sont tout-à-fat détruit,
Fau charchié de chamin u traver de le Zalpe,
Faut virié, faut tourna, faut changié le zétape ;
Enfin l'Infantari commence de fila,
La Cavalari suit, lou z'ancien défila,
En joey et en santé, Dieu volie lou conduire :
Quan ben je n'ay prout dit, n'en reste bien à dire,
Mais per ore, Monsieu, je seu voutron valet,
Ma Museta s'endort, je veillo tout solet.

A GRENOBLE,
De l'Imprimerie d'ANDRE' FAURE.

M. DCC. XXXIII.
AVEC PERMISSION.

NOTICE SUR BLANC LA GOUTTE.

En lisant le poème patois *Grenoblo malhérou*, qui est le récit de l'inondation de 1733, on remarque ce passage :

Enfin jamey gouttou ne souffrit tant que mi ;

Et, plus loin, cet autre vers :

Et l'Isla Claveyson, où je seu pe la pailli.

Un second poème, également en vers patois, intitulé : *Coupi de la lettra écrita per Blanc dit la Goutta à un de sos amis*, etc., et qui est le récit d'une autre inondation arrivée en 1740, plus terrible encore que la précédente, est terminé par ces mots :

*Adieu sias, faites dire una bonna Oraison
Per Blanc, dit la goutta, de placi Clavayson.*

Il résulte du simple rapprochement de ces quelques citations que les deux pièces dont il vient d'être parlé sont évidemment du même auteur, c'est-à-dire de Blanc dit la Goutte, ainsi nommé à cause de son infirmité, et qui demeurait sur la place Claveyson, à Grenoble.

La *Revue du Dauphiné*, édition de *Charvet* (1797) ne cite aucune pièce de Blanc la Goutte qu'elle ne mentionne pas même (1).

(1) *Bibliothèque du Dauphiné, par Guy Allard, contenant l'histoire des habitants de cette province qui se sont distingués par leur génie, leurs talents et leurs connaissances.* Nouvelle édition revue et augmentée. Grenoble M. DCC. XCVII ; in-8°.

M. Champollion, auteur d'un ouvrage sur les patois ou idiomes vulgaires de la France (1), ceux qui, après lui, ont écrit sur les patois du Dauphiné, et M. Colomb de Bâtines, dans ses *Mélanges* (2) relatifs à l'histoire de cette contrée, se bornent à indiquer uniquement le nom de Blanc la Goutte ; de sorte qu'on peut dire que l'on est venu jusqu'à ce jour, ignorant toute circonstance de sa vie et de sa famille. Il est vrai que sans l'inondation du 2 novembre 1859, qui a rappelé le souvenir de *Grenoblo malhérou*, l'on se serait peu occupé de ce poème et de son auteur ; mais, puisqu'il en est ainsi, et que l'on se demande ce qu'était le poète patois grenoblois, nous essayons aujourd'hui de répondre à cette curiosité publique.

Les recherches faites à ce sujet nous apprennent que Blanc dit la Goutte avait le prénom de François ; qu'il habitait effectivement sur la place Claveyson (3) où, tout en s'occupant à faire des vers, comme il le dit lui-même :

Quoque fey per hazard, je me meilo d'écrire,

il tenait avec ses deux fils un commerce d'épicerie ; il est qualifié de marchand épicier sur les rôles de tailles et de capitation que nous avons consultés (4).

Outre deux fils nommés Simon et Charles, Blanc la Goutte eut de Dimanche Pélissier, qu'il avait épousée en 1689, quatre filles : Sébastienne, Catherine, Marguerite et Dimanche, qui toutes prirent des hommes de commerce. Sébastienne épousa Philibert

---

(1) *Nouvelles recherches sur les patois ou idiomes vulgaires de la France, et en particulier sur ceux du département de l'Isère.* — Paris, 1809, in-12.

(2) *Mélanges biographiques et bibliographiques relatifs à l'histoire littéraire du Dauphiné*, publiés par MM. Ollivier Jules et Colomb de Batines. — Valence, M. DCCC. XXXVII ; in-8°.

(3) Dans la maison de M. Amar, directeur de la monnaie, possédée plus tard par la famille Carny et qui est aujourd'hui la maison n° 1 de la place.

(4) *Rôles de la capitation de la ville et communauté de Grenoble ;* années 1735-1742 (archives de la ville de Grenoble ; anciennes archives de l'intendance).

Beaume, marchand; Catherine, Jean-François Charavel, marchand
épicier; Marguerite, Pierre Hache, marchand ébéniste, et Dimanche, André Blanc, marchand droguiste.

Si Blanc la Goutte maria ses filles, sans doute avantageusement,
il faut dire qu'il eut la douleur de perdre successivement ses deux
fils, décédés à l'âge de 40 à 41 ans; l'aîné le 27 décembre 1733,
et le plus jeune, le 22 juillet 1740; deux années où eurent juste-
ment lieu deux inondations qu'il a si bien chantées, et qui cependant durent être pour lui deux années néfastes. Ses chagrins do-
mestiques, sa triste infirmité de la goutte dont il eut à souffrir
pendant plus de dix ans, avaient déjà gravement altéré sa santé
robuste; il mourut le 22 mars 1742, âgé de près de 80 ans (1).

Sa femme était morte en 1727, âgée de 60 ans (2).

Quoique François Blanc fût longtemps resté dans le commerce, il
paraît toutefois qu'il n'aurait dû laisser qu'un assez mince héritage,
s'il faut, du moins, en juger par les formalités faites au greffe de la
justice de Grenoble, soit afin de nommer un curateur à son hoirie
vacante, soit pour procéder au partage des droits revenant à ses
quatre filles dans la succession de leur mère. Déjà il avait même
vendu, en 1740, au sieur Jacques Bruno, un domaine qu'il possédait
sur le territoire de la commune de Claix au mas des Balmes (3).
Il est dit, dans la procédure ordonnée pour établir les droits ci-
dessus s'élevant à 2,376 livres 15 sous, que Dimanche Pelissier,
outre sa dot, avait eu, d'une de ses tantes (4), *du très-beau linge,*

---

(1) *Registres de l'état civil de la ville de Grenoble. — Procédure et rapport
d'experts à la requête des demoiselles Blanc sœurs, contre le curateur à
l'hoirie abandonnée de François Blanc leur père,* année 1743; (pièces de
procédure déposées à l'ancien greffe de la judicature de Grenoble, années
1741 et 1743).

(2) Registres de l'état civil de Grenoble; année 1727; ancienne paroisse de
Notre-Dame.

(3) Acte de vente du 12 juillet 1740, reçu Me Colin, notaire à Crolles.

(3) Elle s'appelait Jeanne Pelissier, et il est dit, dans une des pièces de la
procédure en question, qu'elle avait été *demoiselle d'honneur* de Madame de
Charmes, de Valréas, qui en mourant lui avait laissé beaucoup d'effets mo-
biliers.

des habillements et autres effets très-précieux (1), et que, *comme son état ne lui permettait pas d'en faire usage*, son mari les avait vendus et en avait retiré une somme considérable.

Blanc la Goutte était un homme badin, gai, plaisant, d'une humeur enjouée. Ses pièces de poésie le constatent suffisamment; ce qui, d'ailleurs, nous a été affirmé par des personnes en tenant le souvenir comme tradition de famille. Ce poète patois, qui a eu pour devanciers, dans son genre, Laurent de Briançon et Millet, composa différentes pièces de vers, qui toutes n'ont pas été publiées. Quelques-unes, trop libres, ne méritaient que l'oubli; le temps en a fait raison. Quant aux autres, deux principalement, elles ont popularisé dans notre ville Blanc la Goutte. Il y a moins d'un demi-siècle, que des personnes bien élevées, et pour qui la langue patoise était facile, se plaisaient à faire journellement des citations du poète patois de Grenoble.

Voici les pièces de Blanc la Goutte, connues; elles ont été imprimées :

1° *Epître en vers, au langage vulgaire de Grenoble, sur les réjouissances qu'on y a faites pour la naissance de Monseigneur le dauphin. A Mademoiselle *** * — Grenoble, chez Pierre Faure, imprimeur-libraire, rue du Palais, 1729, in-4° de 22 pages.

2° *Grenoblo malherou. A Monsieur ***.* — A Grenoble, de l'imprimerie d'André Faure, 1733, in-4° de 26 pages.

3° *Le Jaquety de le comare* ou *Dialoguo de le quatro comare.*

Cette pièce est imprimée pour la première fois dans un opuscule

---

(1) C'étaient les mêmes effets que sa tante avait reçus de Mme de Charmes, et dont l'inventaire est relaté dans la procédure. Ces effets, linge et habillements remplissaient deux coffres; ils consistaient en beau linge, en une nappe à la Venise; en deux robes de moire de couleurs différentes, une robe de brocard, en coiffes de tavetas et de velours, en un tablier de poult de soie, garni d'une petite dentelle d'or, douze linceuls, cinquante-quatre chemises pour femme, etc., etc.; l'inventaire mentionne aussi trois Heures ou livres de prières, dont un à plaque d'argent.

ayant pour titre : *Recueil de poésie en langage vulgaire de Grenoble, contenant l'épître à mademoiselle ***, sur les réjouissances à
l'occasion de la naissance de* MONSEIGNEUR LE DAUPHIN, *Grenoblo
malherou et le Jacquety de le Comare.* — A Grenoble, chez André
Faure, imprimeur du roi, rue du Palais. Avec permission; in-8°
de 36 pages. C'est, comme on le voit, un recueil de poésies patoises de Blanc la Goutte, et qui a dû paraître en 1741, mais avant
que ce poète eût mis au jour sa *Coupi de la lettra*, etc., récit de
l'inondation du 20 décembre 1740. La preuve en est que le recueil
ne contient point cette *Coupi de la lettra*, et que les quelques
rares exemplaires de cette publication que nous avons pu re-
trouver sont suivis de *Grenoblo inonda*, récit en vers patois de la
même inondation, mais par un autre auteur.

4° *Coupi de la lettra écrita per Blanc dit la Goutta à un de sos
amis u sujet de l'Inondation arriva à Garnoblo la veille de Saint
Thomas, 20. Décembro 1740.* — Grenoble, impr. de Pierre Faure,
1741, in-4° de 7 pages.

Nous venons de citer deux éditions de *Grenoblo malherou*, l'une
de 1733, et l'autre de 1741. Depuis cette époque, et surtout
depuis le commencement de notre siècle, ont eu lieu de nouvelles
éditions successives de ce poème et de celui du *Dialoguo de le
quatro Comare.*

Grenoblo malherou, suivi du Dialoguo de le quatro Comare. —
Grenoble, J.-L.-A. Giroud ; sans date, in-8° de 24 pages.

Grenoblo malherou, seul. — Grenoble, impr. de J.-M. Cuchet,
avec l'indication : Se trouve chez Lemaire, colporteur; sans date;
in-8° de 24 pages.

Autre édition. — Grenoble, chez Courreng (pour Courcnq), li-
braire ; sans date; in-8° de 26 pages.

Autre édition, sans date ni lieu d'impression; in-18.

Lo Dialoguo de le quatro Comare. — Grenoble, sans date, in-8°.

Autre édition. — Montbéliard, imprim. de Deckherr; sans date;
in-16 de 16 pages.

Autre édition, suivie du monologue de Janin (poésie de Millet).
— Imprimerie de David (Grenoble), in-16 de 14 pages, sans le titre.

Grenoblo malhérou et *lo Dialoguo de le quatro Comare* ont été reproduits dans les *Poésies en patois du Dauphiné*. — Grenoble, impr. de Prudhomme, 1840, in-12 de 67 pag. ; ils viennent de l'être aussi, dans un recueil édité récemment : *Poésies en patois du Dauphiné, deuxième édition revue et augmentée*. — Grenoble, F. Allier père et fils, 1859, petit in-8°, 150 pages.

Grenoblo malhérou et *Coupi de la lettra écrita per Blanc dit la Goutta*, etc., font partie, enfin, de l'ouvrage *Grenoble inondé*, publié depuis l'inondation du 2 novembre de cette année même (Grenoble, Maisonville et fils, in-8° de 78 pages), et dont celui-ci est une seconde édition, augmentée, contenant, de plus que la précédente, de nombreuses notes et le *Dialoguo de le quatro Comare*, collationné sur l'édition de 1741.

Pour compléter les renseignements que nous venons de donner sur Blanc dit la Goutte, et pour établir de nouveau qu'il est bien l'auteur du dialogue si connu de *le Quatro Comare*, nous croyons devoir ajouter que ses petits-fils, décédés de notre temps et dont deux ont pu parfaitement connaître leur aïeul, ont toujours attesté que ce dernier était bien l'auteur, soit du dialogue précité, soit des autres pièces patoises dont nous avons parlé. Ces petits-fils sont, entre autres, MM. Jean-François Hache dit l'Aîné, ancien ébéniste ; Thomas Hache-Dumirail, d'abord receveur de l'enregistrement et des domaines, ensuite conservateur des hypothèques à Grenoble ; Jean-Joseph Hache-Lacondamine, d'abord ébéniste, plus tard vérificateur des douanes, et Christophe-André Lagrange, ébéniste. Ils sont tous décédés dans un âge avancé : le premier, en l'an ix, âgé de 67 ans; le second, en 1819, âgé de 75 ans ; le troisième, en 1837, âgé de 92 ans ; et le quatrième, en 1831, à l'âge de 83 ans; ils étaient, tous les quatre, fils de Pierre Hache et de Marguerite Blanc, fille elle-même de François Blanc la Goutte.

NOTES SUR GRENOBLO MALHEROU.

(1) En 1719, la peste se manifesta en Provence, mais, grâce aux précautions qui furent prises, elle disparut bientôt, sans pénétrer jusqu'à nous. L'auteur du poème fait ici allusion à la crainte qu'on eut de ce fléau, en Dauphiné, à cause de son voisinage.

(2) En 1723, 1724 et 1725, la charge de vin (l'hectolitre), dont le prix s'était élevé les deux années précédentes, à cause des mauvaises saisons, à 14, 15 et 16 livres, fut vendue constamment de 7 à 8 livres. Ce prix baissa en 1730 jusqu'à 5 livres 11 sous; il fut de 6 livres 8 sous à 6 livres 16 sous en 1731 et 1732, et de 12 livres 10 sous, en 1733. Il en a été de même du quartal de blé (double décalitre pesant 30 livres) qui, vendu 2 livres de 1726 à 1730, l'a été 1 livre 17 sous 6 deniers en 1731, et 2 livres 17 sous 6 deniers en 1733.

(3) Les contrebandiers furent si nombreux en Dauphiné, en 1727, qu'il fallut prendre des dispositions exceptionnelles et faire marcher des troupes contre eux; ils avaient pour chef un nommé Barret ou Barrat qui fut pris et roué. Blanc la Goutte fait mention plus bas de ce chef de contrebandiers, que remplaça plus tard le fameux Mandrin.

(4) Les Champs-Elysées. On appelait ainsi un lieu de rendez-vous, à Montrigaud, entre le moulin de Canel et le Drac; ce nom est encore celui d'un restaurant près du pont de fer sur cette rivière.

(5) Henri Reynier, cultivateur au mas des Grands-Récollets, hors de la porte de Bonne.

(6) Ce poste du Canon était celui de l'école d'artillerie, qui avait alors pour champ de manœuvres une partie des terrains situés le long du Cours, entre cette promenade et le chemin du moulin de Canel.

(7) Charles Rosset dit Bressand, fermier du moulin de l'hôpital général, appelé encore le Moulin-de-Canel.

(8) Cultivateur qui demeurait aux Granges.

(9) La Citadelle.

(10) A cette époque où le service des pompes à incendie n'était point organisé à Grenoble d'une manière aussi complète qu'il l'est aujourd'hui, dès que le feu se déclarait quelque part, on était obligé de mettre à réquisition les bennes et autres vases en bois des marchands.

(11) Le couvent des Récollets, à l'entrée et le long de la rue de ce nom qui conduit à la citadelle; il s'avançait aussi, du côté de l'évêché, sur une partie de la place Notre-Dame, telle qu'elle est aujourd'hui.

(12) Le village de Claix. Blanc la Goutte possédait sur le territoire de cette commune un petit domaine, au mas des Balmes. Il faut croire que c'est par prédilection, qu'il cite ce lieu de préférence à tout autre. Il devait connaître parfaitement la route de Claix, le cours de Saint-André, les divers chemins pouvant conduire des Granges à sa propriété; aussi semble-t-il, en quelque sorte, ne se préoccuper d'abord que de cette partie de la vallée.

(13) Le poète veut parler, sans doute, de M. de Maillebois (Jean-Baptiste-François Desmaretz, marquis de Maillebois), nommé plus bas et qui se trouvait en ce moment à Grenoble, pour aller en Italie prendre le commandement d'une division. Cet officier général fut ensuite employé en Dauphiné; il devint maréchal de France et commanda l'armée du roi en Italie, sous les ordres du prince don Philippe, infant d'Espagne; il est mort en 1762.

(14) Gaspard-Moïse de Fontanieu, intendant plein d'intelligence et

d'activité, qui administra le Dauphiné pendant treize années, de
1724 à 1741.

(15) Régiment de Royal-Nivernais, qui se rendait en Italie et fut
obligé de s'arrêter à Grenoble à cause de l'inondation.

(16) L'ancien pont de bois, remplacé aujourd'hui par le pont de
fer suspendu.

(17) Vers la rue du Bœuf.

(18) Le couvent des Cordeliers, démoli depuis la révolution, occupait la partie basse de la place actuelle de ce nom, où il avait été
transféré en 1591. Antérieurement à cette époque, c'est-à-dire
avant que Lesdiguières eût dépossédé ces religieux et la maison
consulaire pour faire bâtir un arsenal, leur couvent était au bout
de la rue du Bœuf, à côté de l'Hôtel de Ville, aujourd'hui la tour
carrée qui est dans la citadelle.

(19) Ceux de la rue Saint-Laurent.

(20) Ceux de la Perrière, aujourd'hui quai de ce nom.

(21) Le magasin des vivres était sur le Quai, près de la porte
Créqui, où sont des entrepôts de l'arsenal.

(22) On appelait en patois *coussio* les consuls; ces magistrats munici-
paux étaient, cette année : Louis Girin de la Morte, écuyer ; Hugues
Trouillet, procureur au parlement ; Claude Dupuys, marchand, et
Laurent Moulezin père, bourgeois.

(23) Voir l'annotation 13.

(24) Laurent-Joseph Emé, marquis de Marcieu, gouverneur de
Grenoble et de sa citadelle.

(25) On a de tout temps désigné sous le nom des Granges une
partie du territoire de Grenoble, depuis les anciens faubourgs jusqu'à Echirolles, parce que, dans l'origine, et lorsque ces terrains
n'étaient encore que des relaissés du Drac, les premières constructions y furent quelques granges de cultivateurs.

(26) Le château de la Plaine, ancienne maison de campagne de
l'évêque, sur la commune de Saint Martin-d'Hère, où est aujour-
d'hui le couvent du Bon-Pasteur.

(27) L'Ile-Verte.

(28) Ceux du mas de Saint-Roch, près de l'Ile-Verte, où est aujourd'hui le cimetière.

(29) On comptait à cette époque à Grenoble trois hôpitaux, savoir : l'hôpital de Saint-Etienne de la Charité, pour les hommes, desservi par des religieux de Saint-Jean de Dieu ; l'hôpital de Sainte-Marthe, pour les femmes, confié à des religieuses augustines-hospitalières, et l'hôpital militaire ; ces trois établissements, créés dans des locaux rapprochés, formaient l'hôpital général proprement dit.

(30) La béalière venant de l'ancienne porte de Bonne et qui traverse une partie de l'hôpital.

(31) L'église et le couvent des Carmélites sont occupés aujourd'hui par le vaste bâtiment des casernes de Bonne, le plus rapproché de l'hôpital militaire. L'autre corps de bâtiment en face, et que séparaient du couvent des Carmélites un mur et des jardins, était à cette époque déjà une caserne.

(32) L'hôpital des pères de la Charité, qui dépendait de l'hôpital général Voir l'annotation 29.

(33) On appelait nouvelle enceinte tout le quartier ajouté à la ville en 1673, et désigné sous le nom de quartier de Bonne ; il comprenait la rue et la place Saint-Louis ; partie de la rue de France ; les rues de Bonne, de Créqui, de Sault et rues adjacentes.

(34) La Maison Peinte était sur l'ancien Chemin Neuf, vers l'angle actuel des rues des Alpes et Champollion ; elle avait aussi le nom de Maison du Diable, parce qu'elle était peinte en rouge et n'avait aucune ouverture sur la voie publique.

(35) Blanc la Goutte veut probablement désigner quelque fermier général, receveur général des finances, fermier des gabelles, ou tout au moins, soit le fermier des péages, soit celui des octrois de la ville.

(36) Le chevalier de Marcieu.

(37) François-Jean-Baptiste de Barral de Montferrat, conseiller au parlement de Grenoble, l'un des administrateurs de l'hôpital.

(38) Le poids de ville. Il occupait un bâtiment à côté de l'ancienne voûte de l'évêché sur la place Notre-Dame et presque en face de la rue Chenoise.

(39) Voir l'annotation 14.

(40) Voir l'annotation 70.

(41) Les Carmes étaient dans le faubourg Très-Cloîtres (rue du faubourg de ce nom); il reste encore leur église, vendue pendant la révolution et servant aujourd'hui d'entrepôt.

(42) Voir l'annotation 18.

(43) Le couvent des Capucins s'étendait de l'angle des rues Bayard et Servan au temple protestant, leur ancienne église; il y a deux ans à peine que toute la rue, depuis cet angle jusqu'à la rue Très-Cloîtres, portait encore le nom de rue Neuve des Capucins.

(44) Les Jacobins, Dominicains ou frères Prêcheurs (on leur donnait ces noms) occupaient les bâtiments de l'académie, les rue et place de la Halle et les maisons dites des Jacobins sur la place Grenette et Pierre-Pontée; leur église est devenue le marché aux grains. Le poète patois, en parlant de ces religieux, s'exprime ainsi : *Faut que lou jacopin recouvrézont lour tombe.* Aujourd'hui se renouvelle la même circonstance, à la suite de l'inondation du 2 novembre; sous la halle, leur ancienne église, le pavé vient de s'affaisser en quelques endroits où il recouvre des caveaux.

(45) L'église et le couvent des Augustins étaient dans la rue de France; ils sont transformés en magasins pour le service de la manutention.

(46) Le couvent des Ursulines a été converti en caserne; il attenait à celui des Oratoriens qui a la même destination; tous les deux forment les casernes de l'Oratoire, et l'on sait qu'une des rues qui les entourent porte encore le nom d'Ursulines.

(47) Il y avait à Grenoble deux couvents de la Visitation, appelés, l'un Sainte-Marie d'en-Haut, fondé à Chalemont, en 1619. par Saint-François de Sales et Mme Jeanne Fremiot de Chantal, et l'autre Sainte-Marie d'en-Bas, construit dans la rue Très-Cloîtres, en 1648. Il s'agit, dans le poème de Blanc la Goutte, de ce dernier monastère, changé aujourd'hui en magasins et en salles de dépôt d'armes.

La première de ces deux maisons, après avoir servi, depuis le commencement de ce siècle, de couvent à des dames du Sacré-Cœur, ensuite de pensionnat de jeunes demoiselles et, successivement, d'école normale pour les élèves se destinant à l'instruction primaire, a été acquise, depuis une dizaine d'années, par les religieuses ursulines qui, déjà, avaient à Grenoble, près de la citadelle, un établissement qu'elles ont transféré à Sainte-Marie d'en-Haut. Avant la révolution, le chemin qui allait à Rabot passait plus haut dans les vignes; celui qui existe aujourd'hui, appelé la Montée de Sainte-Marie, conduisait uniquement au monastère; il était fermé. On voit encore, au-dessus de la porte, une inscription faite dans le temps, rappelant le souvenir de saint François de Sales, et que surmontait une niche où avait dû être placée la statue du saint. Une niche, bien plus grande que celle qui existait, vient de remplacer l'ancienne, et on l'a ornée d'une statue en ciment, qui représente l'évêque de Genève; voici l'inscription :

SAINCT FRANÇOIS DE SALES A CHOISI CE
LIEV POVR Y FONDER LE QUATRIESME MON^{re}.
DE SON ORDRE DE LA VISITATION DE Ste MARIE.
LA PREMIERE PIERRE FUT POSEE EN SA
PRESANCE LE 24 OCTOBRE 1649.
AN. MDCXIX.

(48) La maison des anciennes Orphelines, démolie depuis peu d'années, et la même qui a servi d'école des frères pour la paroisse de Notre-Dame, était dans la rue des Mûriers, vers l'angle de cette rue (aujourd'hui Abbé de la Salle) et de celle derrière Sainte-Cécile, devenue un prolongement de la rue Villars.

(49) Les Jésuites ont d'abord habité la rue Bournoulenc, appelée, de leur nom, rue Vieux-Jésuites, et qu'ils ont quittée, quelques années avant le milieu du XVIIe siècle, pour s'établir, plus au large et plus commodément, dans la grande Rue-Neuve, où ils firent élever leur église et leur collége, qui sont le Lycée et l'église y attenant.

(50) La chapelle des Pénitents est aujourd'hui l'église de Notre-Dame de la Salette, nom qu'elle porte depuis peu d'années.

(51) Le séminaire était tenu par les Oratoriens dont la maison,

2e   5

transformée en caserne depuis 1790, a donné son nom aux casernes de l'Oratoire.

(52) Le grand séminaire, dans la rue du Vieux-Temple, occupe l'ancien couvent des Minimes, et leur ancienne église.

(53) L'eau pénétra jusque dans l'église Cathédrale.

(54) On appelait collégiale l'église de Saint-André, où était un chapitre collégial fondé par le dauphin André et qui a subsisté jusqu'au moment de la révolution. Blanc la Goutte fait observer que cette église fut la seule de toutes celles de la ville où l'on n'eût pas cessé de dire la messe, à cause de l'inondation.

(55) Il n'y eut pas d'audience au parlement ni au bailliage, le 14 septembre, ainsi que nous avons pu nous en assurer par les registres de ces deux cours. L'auteur du poème fait remarquer ici que l'eau entra dans les salles inférieures du palais, en soulevant le plancher. Cette fois, l'eau n'a pénétré dans aucune salle du rez-de-chaussée; elle est seulement arrivée par les canaux un peu au-dessous du pavé de la cour, et elle s'est élevée de quelques centimètres dans les bûchers.

(56) Antoine, Thomas et Joseph Bigillon ont été successivement concierges des prisons pendant un siècle, de 1712 à 1815.—Comme en 1733, l'eau est entrée cette année dans les prisons, du moins dans les parties basses; il y a eu 0,70 centimètres d'eau dans la cour des femmes, et 0,40 dans celle des hommes.

(57) La cour de Chaulnes, traversée par le passage conduisant de la Grand'Rue à la petite rue Derrière-Saint-André, doit son nom à la famille de Chaulnes qui habitait, au xviie siècle, la maison de laquelle dépendait cette cour.

(58) La rue Pérollerie, où étaient les volaillers.

(59) La place de Mauconseil, dite aussi de Bon-Conseil, aujourd'hui la place aux Herbes.

(60) La rue Brocherie.

(61) Quoique la place Saint-André ait été, depuis moins de 40 ans, considérablement baissée à deux reprises différentes, elle est toujours un des points les plus élevés de la ville.

(62) Le bout de la rue Pérollerie, vers la place aux Herbes, formant un carrefour où se tenait le marché de la volaille.

(63) L'île ou place Claveyson, ainsi appelée d'un nom de famille, n'était alors qu'une espèce de carrefour formé par le réculement d'anciennes constructions; ce n'est qu'en 1796 qu'elle est devenue à proprement parler une place, par la démolition de la maison qui en occupait tout le milieu.

(64) Le quai Perrière d'aujourd'hui.

(65) Joseph-Arthus Lapoype-St-Julin de Grammont a été premier président du parlement de Grenoble, où siégeait en même temps Louis-Joseph Lapoype-Saint-Julin de Grammont, comte de . Saint-Julin, chevalier d'honneur en la même cour; ils sont morts, le premier, en 1739, et le second, le 17 octobre 1747, à l'âge de 60 ans. Cette famille vient de s'éteindre en la personne de Jean-François de Lapoype, général de division, décédé depuis peu d'années.

(66) Sortie du Viennois et aujourd'hui éteinte, cette famille a donné plusieurs magistrats au parlement de Grenoble. Pierre de Vaulx, deux François de Vaulx, Joseph de Vaulx de Crozo et Pierre-Marie de Vaulx, devenu ensuite président, ont tous été membres de cette cour, de 1654 à 1790.

(67) Les Dolomieu, dont le nom est près de s'éteindre, sont une branche des Gratet (voir le n° 72). Claude Gratet, seigneur de Dolomieu, François Gratet, son fils, et Jacques Gratet, titré marquis de Dolomieu, se sont acquittés de leurs charges avec honneur; le premier a été président au bureau des finances en la généralité de Grenoble; le second, conseiller au parlement de cette ville, et le troisième, président de la chambre des comptes du Dauphiné; ce dernier est mort le 11 octobre 1737, âgé de 50 ans. Déodat-Guy-Silvain-Tancrède Gratet de Dolomieu s'est fait un nom dans les sciences naturelles, surtout dans les études géologiques, auxquelles il a été enlevé par une mort prématurée, le 26 novembre 1801; il était né à Dolomieu, commune de l'arrondissement de la Tour du Pin, le 24 juin 1750. Son nom n'est plus porté que par une veuve, Mme la comtesse de Dolomieu.

(68) Saint-André (Prunier). — Arthus Prunier, originaire de la

Touraine, s'est fixé, vers le milieu du XVIᵉ siècle, en Dauphiné, où il remplit les fonctions de trésorier général; il eut pour fils Arthus Prunier, seigneur de Saint-André, chargé par intérim de la lieutenance générale au gouvernement du Dauphiné, en 1590, et nommé ensuite premier président du parlement de Grenoble. Nicolas Prunier de Saint-André, petit-fils de ce dernier, a été aussi premier président de cette cour, de 1680 à 1692, après avoir été envoyé par le roi Louis XIV pour son ambassadeur près de la république de Venise. C'est du nom de ce premier président, que la magnifique promenade du Cours de Saint-André, qui s'étend de Grenoble à Claix sur une longueur de 7 kilomètres, a été ainsi appelée, parce qu'elle fut construite en grande partie par ses soins et son influence. D'autres Prunier se sont distingués dans les armes. Réné-Ismidon-Nicolas Prunier, comte de Saint-André, et Jean-Baptiste Prunier, seigneur de Lemps, tous les deux lieutenants-généraux, ont été : le premier, gouverneur de la ville de Vienne, et le second, commandant en chef du Languedoc. (Famille éteinte).

(69) Cette famille a pour chef un juge de Romans, anobli à cause du courage et de la fermeté qu'il montra en 1597 pour conserver cette ville au roi Henri IV, dans un moment où les ligueurs y fomentaient des troubles afin de la livrer aux ennemis. François Guerin, avocat, un autre François Guerin, son fils, et Claude Guerin, maître ordinaire en la chambre des comptes du Dauphiné, ont tous été conseillers au parlement de Grenoble. François Guerin de Tencin a été président au même parlement; il fut père de François Guerin de Tençin, président aussi à mortier en la même cour et premier président du souverain sénat de Savoie, du cardinal Pierre de Tencin (Pierre de Guerin), né à Grenoble, le 22 août 1680, et de Mme de Tencin (Claudine-Alexandrine de Guerin), ancienne religieuse au couvent de Montfleury (Voir l'annotation 80).

(70) Marcien (Emé). — Cette famille, connue par ses alliances et par les hauts emplois qu'elle a occupés, exerça surtout à Grenoble une grande influence à cause de la charge de gouverneur de cette ville et du bailliage du Graisivaudan, qu'ont remplie avec distinction et successivement quatre de ses membres, de 1682 à 1790. Deux Marcieu ont eu aussi le gouvernement particulier de Valence,

de 1721 à 1753. On doit dire également que le comte Pierre Emé de Marcieu, gouverneur de cette dernière ville, et le marquis Pierre Emé de Marcieu, gouverneur de Grenoble, ont été chargés pendant plusieurs années d'un brevet d'officier général commandant en Dauphiné en l'absence de M. de Tonnerre.

(71) Nicolas de Briançon, seigneur de Varces, conseiller au parlement de Grenoble, est décédé en 1739. En lui finit sa famille, issue d'Aimeric ou Emery, seigneur de Briançon, dans la Tarentaise, qui, chassé de ce pays par un comte de Savoie, vers l'an 1082, était venu chercher un asile dans le Graisivaudan, où le prince Guigues III, ennemi naturel d'un rival voisin, avait reçu le fugitif et lui avait donné la terre de Belle-Combe, échangée, plus tard, contre celle de Varces, par un de ses successeurs. — On présume que Laurent de Briançon, avocat de Grenoble, recteur de l'université de Valence vers l'an 1560 et connu par trois poèmes en langage du pays, était un bâtard de cette famille. Ces trois opuscules, pleins d'esprit et d'ingénuité, sont : *lo banquet de le faies* (le banquet des fées), *la vieutenency du courtizan* (le portrait du courtisan) et *lo batifiet de la gizen* (le caquet de l'accouchée). Ils ont été publiés, avec une quatrième pièce patoise, anonyme, *la vieille lavandière*, sous le titre de *Recueil de diverses pièces faites à l'ancien* (sic) *langage de Grenoble*. — Grenoble, Philippes Charuys, 1662; petit in-8° de 74 pages.

(72) Cette famille, issue d'un procureur au parlement de Grenoble, qui vivait en 1540, et dont le fils Antoine Gratet fut successivement juge de cette ville, capitaine d'une compagnie et trésorier général de France en Dauphiné, sut bientôt arriver à une élévation rapide. Elle acquit des terres et des charges considérables. Plusieurs de ses membres ont été conseillers, chevaliers d'honneur et présidents au parlement de Grenoble. La famille Gratet formait diverses branches, desquelles il ne reste plus que celle du Boùchage, venue de François Gratet, comte du Bouchage, président au parlement de Grenoble.

(73) Le parlement de Grenoble a eu quatre procureurs généraux du nom de Vidaud, de 1676 à 1771. Le premier fut Jean Vidaud, homme de mérite, fils d'un imprimeur de Lyon, et le dernier,

Jean-Jacques de Vidaud de la Tour, nommé premier président du parlement Maupeou, à Grenoble, la même année 1771.

(74) Nicolas-François, comte de Simiane, a été maréchal des armées du roi, seigneur d'Avalon et de son mandement, de la Terrasse, de Lumbin et de Saint-Bernard. Sa fille et héritière universelle, Marie-Françoise-Pauline de Simiane, a épousé Jacques Bernard du Rey de Noinville, président du grand conseil, à qui elle apporta les terres ci-dessus, acquises en échange par son père, du domaine du roi, en 1725.

(75) Louis de Viennois, né en 1696, a été capitaine dans le régiment de la Couronne; il était fils de Jacques de Viennois, ancien capitaine au même corps, et de Marguerite Gallien de Chabons, fille d'un seigneur de Rives. Deux frères de Louis ont été : l'un, capitaine de grenadiers aussi dans le régiment de la Couronne, et l'autre, prieur d'Upès et chanoine du chapitre de Saint-Pierre de Vienne. Cette famille, éteinte depuis quelques années, tirait son origine d'Amédée, fils naturel du dernier dauphin Humbert II.

(76) Hugues de Langon a été seigneur de Saint-Julien et de Montrigaud, baron d'Uriage; il eut pour fils Nicolas-François de Langon, maréchal de camp, député de la noblesse aux états-généraux, décédé à Grenoble, sa ville natale, en 1816, à l'âge de 74 ans. (Famille éteinte).

(77) Cette famille, venue du Viennois, a donné un président, un chevalier d'honneur et six conseillers au parlement de Grenoble, et un président au sénat de Savoie. François de Vachon, président au parlement sous Henri III, se fit distinguer par son amour pour les lettres et par la protection qu'il accorda à des savants de son temps; il reçut chez lui Cornélius Agrippa et Rabelais; le premier mourut même dans sa maison, à Grenoble, rue des Clercs.

(78) Louis de Latier de Bayane, qualifié marquis d'Orsina, a été lieutenant des maréchaux de France en Dauphiné; il fut père de deux mestres de camp, employés au service du roi avant la révolution de 1790, et d'Alphonse Hubert de Latier, cardinal, comte et puis duc de Bayane, décédé à Paris, le 26 juillet 1818, à l'âge de 79 ans (famille éteinte).

(79) Il y avait à cette époque à Grenoble quatre paroisses : la Cathédrale, Saint-Laurent, Saint-Louis et Saint-Joseph.

(80) L'auteur du poème veut désigner M. de Tencin, archevêque d'Embrun, devenu cardinal en 1739 et transféré, l'année suivante, de son siége à celui de Lyon où il est mort le 2 mars 1758. (Voir l'annotation 69.)

(81) Blanc la Goutte veut parler des mouvements de troupes que l'inondation avait arrêtées à Grenoble, et qui se remirent bientôt en marche pour leur destination.

III.

COUPI DE LA LETTRA

ÉCRITA PER BLANC DIT LA GOUTTA

A un de sos amis,

U SUJET DE L'INONDATION ARRIVA A GARNOBLO

LA VEILLE DE SAINT THOMAS

20. decembro 1740.

Je profito, Monsieur, de cetta ocasion,
Per dire qu'auquaren de l'inondation,
Qu'at, dit-on, fat merier dedin vôtron Garnoblo
Lo Prêtre, l'Artizan, lo Bourgeois et lo Noblo
(Que je n'apello plus Garnoblo Malherou (*),
Puis qu'u l'est devenu per lo pouro un Perou,
Qu'y l'at migeat de chair son saoû cettes Fêtes,
Et qu'y l'at oubliat le pertes qu'y l'at faites :

(*) L'auteur fait ici allusion à la pièce précédente.
                          N. des Éd.

Ne faut plaindre eujourdheu que los Marchands Grossiers
Los marris Tesserants avey los Epiciers :
Los Pauros est ben vray perdont tous lor manléva ;
Mais qu'êto que lor bien, un Tupin, una Ecuella,
De pailli una fourchà per couchier sens lincieu ;
La plus granda partià n'at pà né de crusieu ;
Tou lor habit consiste en qu'auque serpeléri,
Que pendolet souvent jusques à la jartéri ;
On vat los habiller de Sarges, de Sardis,
Il saront plus contens que Saints de Paradis ;
Mais comma tout ceu bien ne vint qu'aprés l'aygageo,
Me faut donc commencier à parlà du damageo,
Je ne marquaray pas ni lo temps, ni los jours,
Parce qu'icy lô temps recommence toujours :
Que qu'en set, est venu sçay qu'un Drolo en galoches,
Vêtu d'un grand Gilet que n'ayet point de poches,
Que croisavet devant à dous rangs de Boutons,
Ses Brayes descendiont jusqu'à sus sos talons,
Je devinis dabort à ceu bravo équipageo,
Qu'êret un Marinier de notron veysinageo :
Il informe en intrant Monsieur notron Griffier,
De son nom et surnom, de son ageo et mêtier,
Ensuita dous Soudars lo menont à la porta
De l'endret où l'on tint le gens de cella sorta ;
Comma je voulins vey celeu nouvet venu,
Je fis signo us Soudars de qui j'étins connu,
Ceu Drolo en m'aprochant me fit la reveranci,

Se creyant que j'étins un hôme d'importanci,

Sans façons l'y dissi-jeo, et point de compliment,

Tout est semblablo icy du mêmo Regiment,

T'ès tout ce que je seu, nous ne sont que des ombres,

Que dêvont habità cettes demores sombres,

Devant que siezc pou te sarès bien instruit

De ce que faudra fare en ton petit reduit,

Ainsi laissons celey, je veyo à ton corsageo,

Que t'ès qu'auqu'habitant d'uprès de Sassenageo :

Vous avez tiria justo, oüé Monsieur, est bien vray

Que je seu Batteley nâtif de Noyaray,

Je piccavo los Bous de Patron la Riveri,

Nous étions remontà quasi lo dret de Geri,

Mos dos Bous perdant terra et fasant un fau pas,

De dessus de lor joug me traissiront à bas,

Et per malheur per mi l'Izera qu'eret forta,

M'entraînit en Tràcloutra u dessout de la Porta,

J'y demoris crocha, j'eus biau crià marci,

Nec-un ne repondit, chacun songeant à si,

Me restavet incou qu'auque foibla esperanci,

De m'en pouvey tirié avec un pou d'aizanci,

Mais per mâlheur per mi lo Pont levis chessit,

Et me poussant à fond ma têtà fracassit,

Veyés la cacarochi, elle est incoura néri,

Me fallut donc songier à partir per la gloëri,

Et je me seus trouvà quasi dins un moment,

Entourà de soudars dins ceteu logiment :

J'entendis en passant u Quais, à la Peréri,

U l'auxbourg de Tràcloutra et dins nôtra Charréri (a),

U secours, u secours, helas ! tout est perdu,

L'ayga a deja gagna lo coin de Maupertu (1) ;

L'on ne pot plus passà vers l'Egleysi du Carmes,

De tous flans on oüiet de nouvelles allarmes,

Chacun fuyet per tout sens se determinà

A sortir de chieus si ço qui puuviet sauvâ,

Et nec-un ne sçaviet donnà ni tour, ni vouta,

Per trouvar un endret à se bettre à la souta,

La plus granda partià du pouros boutiquiers

Se sarions tous neyas si dedins lors quartiers,

Celos qu'èront logeas dins los plus hauts étageos,

Ne los eussions reçeus avecques lors bagageos ;

Mais ne suffisiet pas, tau que pot albergier,

A son hôto ne pot donnà de que migier ;

Los Pauros ont toujours des effans en grand nombro,

Commant donc se tirier de ceu nouvel encombro?

J'entendis d'autro flanc, consolas-vos, Meynà,

Ne vos manquarat rien, Dieu vous a destinà

De Gens qu'auront lo soin de vous fournir d'avivres,

Lò fio, l'ayga, la ney, la glaci n'y los givres

N'ont jamay betta boëna à lor grand charità,

Ils provoyont de tout que que poësse coutà,

Note de l'Auteur.

Ils dêvont u plutò vous bettà tous à l'ayso ,

Et per vous rassurà, faut que je los nomayso ,

Monseig^r DE CAULET (*b*) (2), Monseig^r DE MARCIEU (*c*) (3),

Ils ont la voix du peuplo , ils ont la voix de Dieu ,

On pot los appellà d'homes incomparablos ,

En voyant ce qu'y font per tous los miserablos :

Nôtro Evêque est toujours levà de grand matin ,

Ço qui mige est peu d'oüra , et ne bêt point de vin ,

A quinta heura que siet il vous dône audianci ,

Il ecôte chacun avey grand patienci ,

Que l'on sieze Monsieur ou ben pauro , est tout un ,

Il se montre pertout qu'u l'est pâre commun ,

U l'est plus retenu qu'un Capucin Novicio ,

At toutes le vertus , et n'eut jamay de vicio ,

Il ne prenit jamais de divertissiment ,

Lò soin de son Troupet fat tout son pessament ,

Il n'a pas son parey dedin touta la Franci ;

Mais je veyò de loin Marcieu que prend l'avanci ,

Veyés-vous comma il vogue avey sos dos batteux ,

Il sont chargeas de pan , d'ayga , de chair , des œufs ,

Il a déjà couru par trés feys les charréres ,

Ses armônes jamay ne furont les darréres ,

(*b*) *M. de Caulet* *Évêque* *Prince de Grenoble.*

Note de l'auteur.

(*c*) *M. le Comte de Marcieu* *Maréchal de Camp des Armées du* *Roy.*

Idem.

L'on n'en est pas surprey, cel hôme est coutumier
A la guerra et per tout d'être toujours promier :
Monseigneur DE BARRAL (d) (4) fat coulà de se pôches
Une Mina d'argent per toutes les Perroches ,
Il commencit d'abort per cinq cens biaux ecus,
Touta sa familli s'est bettà presque à flus,
De la Garda sur tout que des aygues si grandes ,
Ne pûront amortà l'ardeur de se zoffrandes ,
On lò veyet gaffà dedins plusieurs quartiers,
Per allar visitar los Gueux din los graniers ,
Monsieur de Montcarrà (5), Monsieur Rochechinard (6),
A tout ce qu'eyt de bien , souvent sont per un quart,
Per portà lor armôna en Raset s'embarquiront,
D'ou devant que finir lor coursa ils cupeliront,
Ne s'en fallit de ren qu'ils ne fussiont neyas ,
Car de la tèta us pieds, ils furent bien bagnas.
Monseigneur DE CAULET revint dessus la scêna ,
Per tous los malheroux veissia nouvella aubêna ,
Il sçat assaisonnà sos dons de compliment ,
Semblè qu'on l'y fat graci acceptant son argent.
Monseigneur DE PIOLENC (e) (7) voulut vey per leu mêmo

(d) *M. de Barral second Président au Parlement de Grenoble.*
Note de l'auteur.

(e) *M. de Piolenc Premier Président et Commandant de la Province.*
Idem.

Ce que seret passà din ceu grand stratagémo,

La veilli du delieugeo il aviet eû lo soin

De fare arré de tout ce que fassiet besoin,

Monsieur de Jomarron (8) et touta l'Intendanci

Se pourtiront à tout avey grand diligenci,

Los Coussios vigilans firont tant cella not,

Qu'on eut lo landeman per dix jours de pan cot;

Et per proportion on aurat eu de soures,

De lors provisions en toutes sortes d'oüres.

Ne faut pas essiblà Monsieur nôtron Major (9),

Dins tous los accidens, du mondo il vaut tout l'or,

Et tous per évitar qu'auque nouvella perta,

Nôtros Angenieurs êtions toûjours à lerta,

Messieurs du Bataillon et de l'Artillari

Se bettavont per tout din la patroüillari,

On ne pot trop ventar toutes les Gen de guerra,

Ils allavont dins l'ayga ainsi que sur la terra,

Et sens lo promp secours de touta la troupa,

On aurit barbotà treys meys dins la louppa.

Nous fallit separà los Soudards que menavont

Lò joëno Battelcy trop s'impatientavont;

Enfin per coupà court, ceu Garçon m'at aprey,

Que vous avias moins d'aiga en sept cent trente-trey,

Et que de grosses Gens, mais sur-tout lors femelles,

Devant que fusset jour sortiront de chieus elles;

Vous jugiés bien Monsieur qu'u ne m'a pas tout dit,

Si donques j'ai fat fauta en ceu petit récit,

Ou sautà qu'auquaren , faut qu'on m'eu pardonneyse ,

Mon dessin n'étant pas d'offença qui que siese.

Adieu sias , faites dire una bonna Oraison

Per Blanc , dit la goutta ; de placi Clavayson.

A GRENOBLE.

DE l'Imprimerie de Pierre Faure. 1741.

Avec Permission.

NOTES SUR LA COUPI DE LA LETTRA.

---

(1) On appelait *Maupertuis* un passage étroit de la rue Chenoise, vers l'angle actuel de cette rue et de la place Notre-Dame; il y avait là deux maisons qui avançaient sur la rue, de manière à rendre la circulation difficile; quoique l'une des deux maisons reste encore; le même inconvénient n'existe plus à cause du reculement de celle qui était en face.

(2) Jean de Caulet, aumônier du roi et ancien vicaire général de Pontoise et du Vexin, a été évêque de Grenoble, de 1725 à 1771. Blanc la Goutte fait, comme on le voit, un éloge ampoulé de ce prélat, qui administra pendant quarante-six ans le diocèse de cette ville. Un manuscrit que nous avons eu sous les yeux, et qui est un recueil de notes prises sur les événements de son temps, par un avocat de Grenoble (Letourneau) n'apprécie pas tout à fait de la même manière la générosité de M. de Caulet, qui aurait cependant, par ses dispositions de dernière volonté, laissé un legs de 1,000 livres aux pauvres de l'hôpital de sa ville diocésaine. Un autre souvenir que nous pensons devoir rappeler ici, c'est que M. de Caulet aimait les lettres; il avait formé une belle et riche bibliothèque de 40,000 volumes, achetée de ses héritiers par les habitants de Grenoble au prix de 40,000 livres.

(3) Pierre Emé, comte de Marcieu, frère et successeur de Laurent-Joseph Emé, marquis de Marcieu, alors gouverneur de Grenoble; il était lui-même gouverneur de Vienne; il fut chargé en Dauphiné, en 1743, d'un commandement spécial dont il resta investi jusqu'en 1778, époque de son décès.

(4) Famille du Voironnais, qui par son mérite et sa fortune s'est élevée rapidement; elle descend de Gaspard Barral, avocat au parlement de Grenoble, anobli en 1643, petit-fils d'un notaire de Voiron et neveu d'un curé de ce lieu; elle a fourni au même parlement des conseillers et des présidents, dont l'un a été en dernier lieu Joseph-Marie de Barral de Montferra, qui a d'abord été maire de Grenoble et plus tard premier président de la Cour impériale de cette ville; elle a donné aussi à l'armée le général André-Horace-François de Barral, qui, ayant quitté la carrière militaire, a été préfet du Cher, de l'an XIII à 1813.

(5) Montcarra (Bally). — Cette famille a commencé en la personne de Pierre Bally, reçu conseiller maître en la chambre des comptes du Dauphiné en 1629. Deux Bally ou Bailly, savoir : Pierre-Joseph de Bally, neveu du président de Valbonnais, et Jean-Pierre de Bally de Bourchenu son fils, ont été premiers présidents de cette chambre en 1730 et 1758. Sébastien-Flodoard Bally de Montcarra, seigneur de Châtillon, frère du président Pierre-Joseph de Bally et neveu aussi de Valbonnais, était, dans le même temps, conseiller en la même cour; il est décédé en 1767 laissant pour héritier son neveu, le chevalier Bally du Percy, exempt des gardes du corps, mestre de camp de cavalerie, frère du dernier président de Bally et de Marc-Joseph de Bally de Roison, prévôt du chapitre de l'église de Saint-André de Grenoble. On trouve aussi quatre Bally qui ont été conseillers au parlement de cette ville. (Famille éteinte).

(6) Charles-Gabriel-Justin de Barral de Rochechinard, conseiller au parlement de Grenoble.

(7) Honoré-Henri de Piolenc a été premier président du parlement de Grenoble, de 1739 à 1760, époque de son décès; il fut chargé, quelque temps, du commandement militaire du Dauphiné,

fonctions afférentes à la charge de premier président, pendant l'absence du gouverneur de ce pays et de son lieutenant général.

(8) Jean-Antoine Jomaron, trésorier de France au bureau de finances et chambre du domaine du Dauphiné, a été longtemps chargé de l'administration de cette province, en qualité de commissaire du roi, subdélégué général de l'intendance du même pays, durant l'absence de l'intendant, Pierre-Jean-François de la Porte, attaché à l'armée française en Italie. La famille Jomaron, originaire de Romans, avait été anoblie en 1603, par le roi Henri IV, en la personne de Gaspard Jomaron, contrôleur ordinaire et principal en Dauphiné.

(9) Le major de la ville et de la citadelle, officier militaire, attaché au gouvernement particulier de Grenoble.

IV.

DIALOGUO

DE

LE QUATRO COMARE,

PISSISEN, JAPPETA, FALIBEN, FRANQUETA.

PISSISEN.

No je ne volo plus que me fillie sorteison,
Ni que lou mistaudin toujours le charonteison;
Dussion-t'ei deipeita, lamenta, se fachié,
Quand je me couchirey, je le farey couchié.
Ne farey-je pas bien, qu'en dites-vo, comare?
Vo savey mieux que mi coma von lou zaffare;
U l'aurion pro d'envey, lassa, de se logié,
Mais din lo tem presen eyt envain d'y songié,
Lo bourgeois, lo marchan que se marion à Grenoblo,
Demandon mey d'argen qu'u tem passa lou Noblo;
Incou passe-to tot pe bagues, pe joyaux,

Pe coyfe, pe ruban, ou pe d'autre affutiau :
Veiquia de vrai perque lou pare que son sageo,
Metton plu tar qu'u pon lou garçon en meynageo,
Et perque le fillie que jason tot lour sou,
On bien prou d'amoeyrou et for pou d'eypouzou.

JAPPETA.

Comare, vo parla coma fena de siency,
Tan de corratari me font perdre patiency ;
Le miene ne voudrion que dansié, que sauta,
Avecque lour galan tot lo jour civeta :
Se fa tan de foly, j'ay pou qu'y s'oblieyson,
Que n'arrivey malheur, et que le gen parleyson :
Celou que le veyon son de fran tiry-not,
Que pe le zattrapa roulon u tour du pot,
De petits ferluquets, de contou de nouvelle,
Que ne fon que courir de femelle en femelle,
Avec lour serimen dont y n'en tenon point,
U le font devenir plus jaune que de coin :
Temoin ceu panegun que damore à man dreyta,
Qu'at amuzia dou zan ma couzina Beneyta,
Que deviet l'eypouza, ce diziet, ceteu mey,
Et que vin de fiancié du coutié de Veurey :
La poura creytura ! ly faziet cent caresse ;
Cependan vo veyé l'eyfat de se promesse :
Ah ! si je lo tenin, ceu petit dadolin,
Je farin ce qu'on fat le fillie de Tullin.

FALIBÊN.

Voey! que me dite-vo? sári-to veritablo?
Lou meino d'ujourd'heu son tou de décevablo ;
Ne s'êre jamais veu gen que s'amission mieu,
Ceu gonet, meyt-avi, la migeave du zyeu ;
Le fillie du pays, ma fey, son malheyrouse,
Entre cen queteu yan gnia que quatro d'eypouse ;
Tandis que de defour u venon pe croquet
Lour migié lour pan blanc, lour rafla lour muguet ;
Tou lou meillou parti son pe le zétrangère,
Lo mondo eyt entéta qu'elle son meynagère ;
L'on oura biau prechié que faut se chateny,
Sy dure coma iquien, pourra-t'on le teny?
Gnia mey de la meyta qu'enragirion sans mordre,
Et din le familie tot sarat en désordre.

FRANQUETA.

Per mi je vo zu dio, sarat ce que sarat,
J'amarin mey garda dou plen panié de rat,
Que d'avey lo prifat de veillié la conduita
De la moindra filly qu'a tan ce pou de suita :
Combien en a-t'on veu qu'on ne quitave pa,
Et que maugré celey se son leissia trompa!
L'y a soven din lo jour quoque méchen quart d'heura.

PISSISEN.

Faut s'écarta du fiot si l'on crain la bruleura ;
Quand on a de fillie, faut le teny de cour,

Et ne faut pas souffri de trop longue zamour;
Din lo commenciment lou meino le careisson;
Mais lo rat lou pren-to, lou zinconstan le leisson.
J'en connaisso que fon le sainte mitoche,
Que le volon choisi joëne, jouillie, riche,
Que siéson de bon sen, vertuouse, bien faite,
Pe tot dire, en un mot, u le volon parfaite.

JAPPETA.

Pourry lou zarriva coma à Patagoulliat,
Que n'en trovave point per leu d'assès joulliat,
Et qu'a prey per qui ley un visageo de platro,
Una giena sans den, un fatrat, un emplatro.
Remarqua que celou que fon lou défeciou,
N'amênon per-icy que de groin mau-graciou,
Que grousse maupatey que font toujours la bauba,
Que semblon de fagot vety din une roba.
De poullalie empiagée, de vache, de cabat,
Plus pingue qu'un lutin, plus neire qu'un corbat;
Qu'on soven jusqu'u cu mey de dou deigt de crota :
Pe cachié tot iquien u l'on plu grossa dota.

FALIBEN.

Contra le zétrangière ête-vo si facha?
Cele poure fene que vo zont-eillie fa?
Si gnia de malbati, gnia prou de graciouse,
Que ne son coquete, gromande ni glouriouse;

J'en savo bien avouey que fon bona raison,

Et qu'on veyt raramen sorti de lour maison.

FRANQUETA.

Regarda la Fleuria, n'eyt-ey pas bien aimabla?

N'ey vo din la villa que l'y siet comparabla?

Deypeu qui leyt maria la veyé-vo changea?

Son air eyt enchanta, sa marchi degagea,

Son cor eyt fat u tour, la ney n'eyt pas plus blanchy,

Le Liaude, le Babet ne ly von qu'à la manchy,

Vo n'en trovary poin de si bella que ley,

Sou zyeu son plu brillan qu'eytela ni soley;

Dessus son tein uni le Grace officiouse

Deblousson jour et not et de lis et de rouze;

L'aurora ly fourni se charmante coulou;

Sa bouchi, sou tettet farion lou dieu jaloux;

Héroux qui din un coin, san temoin ni noteiro,

De se zautre beautez pourit fare inventeiro;

Je n'ai pas lo bonheur de porta lo chapet,

Incou en la veyan je crevo din ma pet;

La mare du zamour n'a ren fa de si bravo,

Lo Rey que la verrit devindrit son esclavo;

Et si je ne cregnin de vo fare chagrin,

Gnia tan d'autre san ley que je vo nomarin.

JAPPETA.

Vo zey biau le vanta, je ne poey pas le veyre,

Quand je dio quoqua ren, je seu fena de creyre,

Que ne demoron t'ey tote din lour pays?
U ne son din ceteu que pe se fare hayr.
L'on veyt de tou coutié de mare mécontente,
Et de pare facha que lour fillie son tante :
Si l'on le laisse iquy planta pe reverdir,
Noutra poura villa se vat ebatardir,
Ou faudra maugra no fonda de monasteiro,
Et le teny sarrai coma de reliquairo.

FRANQUETA.

Cele qu'on tin geney pareisson sagete ;
Ont-ey la cla du cham, elle son coquete,
Plongey jusqu'u colen din la faineantisy,
Ne pensan qu'u zabit et à la gourmandisy ;
Enfin, to bien pesa, ne faut ren affecta,
Vente mieu lou laissié l'honeta liberta :
Quoquefey de pa ren l'on se fa de fantome,
Lo trop de précaution fa deypeta lou zhome :
Ce que vo fache tan a cyta de tou ten,
Et ceu que pren fena u fa come u l'enten.

FALIBEN.

La comare a raison, je seu de son avy,
Foto pe de peyat avey tan de soucy,
Ni tan de rancuna contra le Villageoise,
Que son de chair et d'os to coma le Bourgeoise ;
Quan Grenoblo devrit en être tot claffy,
Faudra que l'Isera couleyse pe son fy ;

Creyé-me, Jappeta, quitta la medisancy,
Et pe le z'étrangeire ayé de complaisancy,
Belio que ceteu yan la chancy virira,
Et que quoque étrangié vo débarrassira.

PISSISEN.

Faliben ne dit ren que ne se poësse fare;
Mais votra lengua un jour vo fara de zafare,
Perque mal à propou s'attirié d'ennemi?

JAPPETA.

Coma, vo vo metta tote trey contra mi!
Je vo farai ben vey que je n'ai ren à craindre,
Car à la Policy je volo m'alla plaindre;
Foëta que lo jugeo goutara me raison.
Ainsi voutrou consey ne son plus de saison.

PISSISEN.

Vo zey de biau dessein, poura gata-parola;
Quésié-vo, je creyo que vo devindry fola,
Vo n'ey pa mey de sen que voutra caleta,
Incou vo pretendey de reforma l'éta:
Vo voley qu'un Jugeo rendeyse une ordonnancy
Contra le coutume que son d'usageo en Francy

JAPPETA.

D'ou vin que lou meyno se von maria defour?
Je l'en volo averti pe lou jouyé lo tour.
Quan ne sara permey qu'à la seula noblessa,

Noutre poure fillie ouront toute la pressa ;
Gnia tant don lou tetet commenson de flapy ,
Si l'on n'y mette accour, ira de mal en py ;
Je penso ben avoué que sari necessairo
De noma per iquien un adret commissairo ;
U louri teu gagna sa roba, son raba ;
Tou lou huit jour u moin u farit un verba :
Quan ben quoque grivois fari la contrabenda ,
Celou qu'u pinciri defichirion l'amenda.

FALIBEN.

Ne vau gin la pena de vo tant deimena ,
Lo Jugeo pourri ben vo manda promena.

JAPPETA.

Soaye : j'ay trop regret de vey que tan de poune
Passon lour plu biau jour coma de vieille noune ,
San que qui que ce siet du gran ni du pety
Per empachié celey preneyse lour party.
Vo me reprochié tan que je crio, que je grondo,
De dire que j'ai tort ey se moqua du mondo.

FRANQUETA.

Ne vo marcora pas, vindra quoquo veuvo :
Prié lou Medecin de travaillié per vo,
Veyé lou Chirurgien et lou Zapoticairo ,
Son cele brave gen que lou fon d'ordinairo :
Tot coma de fene qu'on de zhomo pourou ,

Que ne dormirion pas si ne couchavion dou ;
Et tau qu'a averti de migié de pidancy ,
Avec de pan solet ne remply pas sa pancy.

JAPPETA.

Vo que n'ey plus qu'una, vo sied bien de parla ,
De vo moqua de mi et de me querela ;
Vo badina toujour, ren ne vo zinteresse ;
Per mi, je savo bien onte lo bat me blesse.

FRANQUETA.

Vo m'ey tan fa parla que le gosié me cot.

PISSISEN.

J'ay de vin blan du Pion, voudria-vo beyre un cot ?

FALIBEN.

Ne sari gin ma fa, j'y pensavo tot-ore ,
Dona-m'en tan ce pou pe me mouillié le lore.

JAPPETA.

Fa tant fret pe defour , échoudon lo dedin ,
Migeon de saucisse, fricasson de bodin.

FRANQUETA.

No zon pro per iquien dévouida la parola ,
Faite routir de pan et fazon la chichola.

V

GRENOBLO INONDA,

OU RECIT CIRCONSTANCIA

DU MALHEURS QU'A CAUSA L'INONDATION ARRIVA
LO VINGT-UN DÉCEMBRO MIL SEPT CENS QUARANTA.

POEMO PATOIS,

Par le sieur A. R.

Ploura, Fenes, ploura, sans vo z'u laissier dire ;
Aussi vo n'avez pas trop gran sujet de rire,
Et souventavo bien du jour de Saint Thoma,
Où lo Ciel no z'a tous à bon dret alarma.
En effat, n'ey-to pas chousa bien déplorabla,
Et que no pareitra toûjours intolerabla,
De veyre tous lou z'ans ceu grand jour prophana?
Et ne semblo-t'o pa que l'on vou se damna?
Car ce que prove bien l'impieta completa,
Eytde veyre chacun prophana cela Fêta.
L'una passe lo jour à de bas taconna,
L'autra à fare son pan , per lo vito enfourna ;

L'un travaille lo jour et la not tot enteyri,

L'autro per deypachier travaille à la lumeiri,

Per amassa de sou, per pouvey gourmanda,

Et ne fa point de cas de ce qu'eyt commanda.

Mille lichonnary una femella aprête,

Affin de regala tous sous amis le Fête :

Per la gueula en un mot chacun eyt empressa,

Mais on en veyt bien pou qu'alon se confessa.

Enfin lo Ciel lassia de cel abus extrêmo,

A trova lo moyen de s'en vengier leu mêmo,

Et no z'at obligea tou maugrà noutre den,

De quitta lo travail, forci de mauvais ten.

No no souventaron de ceu jour remarquablo,

Qu'at eyta san menti, un jour bien lamentablo ;

Et no devons enfin toujours no souvenir,

Que lo bon Dieu sa bien quand u vou no punir.

Din lo tem que chacun de son mieu tracassave,

Et qu'à se regala chacun se disposave,

En un mot din lo tem qu'on ne pensave à ren,

Pendant dou ou trey jours s'élevit un grand ven ;

Que semblave devey per son soufflo agreablo,

Changier lo tem d'hyver en un printen aimablo :

Lo temp ere en un mot, chaud l'on ne pot pas mey,

Et ceu tem de redou fasit fondre la ney ;

Talamen qu'on veït pendan cele z'aleures,

Creitre notablemen l'Yzera din trey z'heures.

Lors on se souvenit qu'on aviet eyta prey
Per semblablo malheur en sept cens trenta trey.
Chacun s'encourt chieu sy se cherchier un refugeo,
Per se mettre à couvert de ceu futur délugeo,
Que l'eiga que creissiet semblave d'annoncier ;
Boutiques, Magazins falit deybarrassier
Pendan tota la not, chacun se deypachave,
E lo plus pereizou per lo cot travaillave
Du meillour de son cour, per sauva son butin,
Et transporta lo tot chez son procho veysin.
L'un saisi de la pou caque dedin se chausses,
Et per sauva son vin cour tançonna se bosses.
L'autro per precaution songe d'ala cherchier
D'eyga, de chair, de vin, et de pan per migier.
Dejâ lo grou Didey saisi de la pourassi,
S'encourt à Chalemon (1) s'asseura d'una placy,
Et mene avec leu sa fena, son efan,
Portan de que migier, per crainta de la fan.
Enfin à la meynot l'on veyt per le charreires
Noblos et Roturiers, avec de lumeires,
Que couron sur lo Quais per veyre l'Yzera,
Preveyan en tremblan ce qu'en arrivara.
Enfin l'Izera creyt, un chacun perd courageo,
La veyant déborda tot lo long du rivageo.
L'alarma se repend per tot din lo momen,
Tot lo mondo pareit dedin l'étonaman,
On fat tot aussitou v'aluma le Lanternes,

2° 7

On veyt tou lou Soudars sortir de le Cazernes,
Courans à Saint André devan lo Parlamen,
Où l'on lour accordit trey jours lo logimen.
Enfin n'y en a pas un din ceu desordro extrêmo,
Que ne saye transy et tot hors de sy-mêmo.
L'eyga vat en creissant ne trovant point de cour,
Intre din le meisons à la pointa du jour.
Lou Boutiquiers tremblan en veyan ceu ravageo,
Monton subitamen jusqu'au plus haut eytageo,
Veyant avec doulour les eygues abonda,
Et lou ba logimens tot-à-fat inonda.
Qui pourrit exprima de lour cour la détressa,
Et de tous en un mot lo chagrin, la tristessa?
On n'enten que ploura, et gemir de tot flanc,
Veyan la Greneta que ressemble un étang.
Tot semble n'annoncier que désespoir et ragy,
Lou chivau per passa, prenon presque la nagy;
Envain son t'es mena per de gens entendus,
L'on veyt lou plus hardys que se creyon perdus.
Lou z'Inquelins déjà sont monta chez lour maîtres,
L'on veyt de toutes parts le gens per le fenêtres.
L'eyga dès lo méjour eyt à siex pieds de haut,
Et lo pied de la Croui dispareit, pou s'en faut.
Enfin jusqu'à la not l'eiga creit davantageo,
Et vat din de z'endrets presqu'u premier eytageo,
Et tot lo landeman, qu'cre lo vingt-dou,
L'eiga ne bougit pa, ce qu'augmentit la pou.

Lou Pourou aurionl pery fauta de subsistanci,

Mais Dieu lour envoït promptamen assistanci:

L'on vit lou grou Seignours sur de bateux courir

Dedin tous lou quartiers, per lou tous secourir.

Lo Premier Presiden (2) pareissiet à lour têta,

Et per rendre en tous poins la charita compléta,

U donnave de Pan u Pourou de son mieux,

Ce que fasiet aussi lo Comto de Marcieux,

Qui ne voulan manqua occasion si bella,

S'en allave pertot dedin una penella,

Donnant u z'uns de Vin, à quoqu'autrou de Pan,

Din ce l'occasion de ren se méprisan.

Mais Monsieur Jomaron tot rempli de tendressa,

Voulit de son coutié no montra sa largessa.

En donnant à son tour secours u malheirou,

Mais singulieriment à de pourou z'hontou.

De Monsieur de Barral lo zelo incomparablo,

Din ce l'occasion parut tot admirablo;

Ayant donna de Pan per mey de cent écus,

Ne fasant à pas un de son secours refus.

Mais qu'u ne sariet pas tot ébauby de veire

Notron digno Prélat (3) alla per le charreire?

Ayant din de z'endret d'eiga jusqu'u genou,

Per pouvey promptamen donna secours à tou :

Son zelo surprenan ne pouvan pas attendre,

Que dedin un batet l'on venisse lo prendre.

Ah ! que Dieu sçoura bien dedin l'éternita

A son tour couronna semblabla charita.

On l'a veu vers lo Bou monta per un'échiela,

De dessus lo batet, dret chiez una femella,

A dessein de pouvey de sa man baptizier

L'efan dont u veniet dépui pou d'accouchier.

Rien ne lo reteniet, son zelo l'emportave,

Chiez tous lou malheirou, et u lou consolave,

Avec tant de bonta, qu'u restavon charma,

De souffrir en douçour la rigour de lour ma.

Mais ô cas étonnant! Eh! qui pourra-t'o creire

Un semblablo récit? à moins que de z'u veire.

A un homo mouran a falu promptamen,

A chival aporta lo Très-Sain Sacramen :

Et per pouvey intra, a falu que lo Prêtre

Montissiet en grimpant à travers le fenêtre.

Per pouvey enterra à Saint Loüis un corps mort,

Falut sur un razet en fare lo transport.

Et ce que no causit una granda surpreisi

Fut de veire enterra un Pourou din l'Eglcisi.

No fau dire dou mots d'un pourou Mulatier,

Que montrit ne savey pa trop bien son métier,

U partit lo matin avec son équipageo ,

De trey Mulet chargea sans craindre lo ravageo

De l'eyga que creissiet tot à beaux yeux veyan,

De sortir d'embarra vainament essayan,

En deypit de le gen sortit hors de la porta,

Mais quand u fut dehors l'eyga venit si forta,

Que chacun lo veyan aviet lo cor transy,

U parvenit pourtan jusqu'à sur lo glassy,

Où u ne rencontrit que bien pou d'esplanada,

Longua de douze pieds per tota promenada,

Din ceu petiot endret u demorit trey jours,

Sans pouvey espera de recevre secours.

A la fin u sortit d'iqui de guerra lassa,

D'abord qu'u l'aperçût que l'eiga venit bassa;

U l'ere deisola per lo cop de la fan,

Et migit à la fey quatro livres de pan.

Mais racontons un pou le z'avantures droles,

Qu'arriviron ceu jour à plusieurs têtes foles,

Qu'alavon sans besoin courir sur de razeux,

Moüilla jusqu'à la chair; qualou drolou de jeux!

L'on veyet de Fraters, de valets de Boucheires,

Allant et revenant per totes le Charreires

Dessus celou razeux, de perches à la man,

Que lou servion d'arpic, on lou z'enten braman

Tot comma de vrais fous, fasan lo mondo rire,

Comma si l'aviont eû bien gagna de que frire;

Lou z'un per remonta, font quantita d'efforts,

Per fare lou vaillan, poson lour justaucorps,

Et après avei fat beaucoup de resistanci,

Lo razet se viran, se moillon d'importanci:

L'un chat dessus son cu, l'autro chat à bouchon,

Et en se relevan ressemble un vrai cayon.

Un autro en arrivan de son arpic lo pousse,

Leu lo repousse atot, et din cele secousse
U chayon tou lou dou din l'eiga propramen,
Et servont à chacun de divertissimen.
Un Mitron lo matin ne sçachant pas que fare,
Gaboüillit tot du long fasan du bon compare,
Se moquant de la fret, et de l'humidita,
N'aviet pas soulamen se culotes quitta :
U peychit un barrot qu'u veït que nageave,
Tot lo long de la ru, et que l'eiga emportave ;
U l'attachit bien fort u devant de l'ana,
Creyan que ceu barrot fariet sa fortuna.
Joyou comm'un rentier qu'eit exempt de la tailli,
U rit de tot son cour, de sa bonna trouvailli,
Et court se deypachier bien vito de dîna,
Per dessus un razet s'en alla promena.
Ah ! si vo l'avia veu commen u se guindave,
Tant que son compagnon la voitura menave,
Vo z'auria ma fey cru, veyan son na camar,
Veire dessus la mer l'invinciblo Cesar ;
Mais lo plaisir qu'aviet ceu maîtro gaboüillero,
Et tota sa fierta, ma fey ne durit gueiro ;
U chaït en voulant lo razet gouverna,
N'ayant pa de Cesar la mêma fortuna :
Din l'eiga u barbotit un bon demi quart d'heura,
Et tot autro que leu en auriet prey la chicura ;
Et sans son compagnon que lo prit per lou crin,
Lo plus fier du Mitron auriet alors prey fin.

De l'eiga u retirit ceu vainqueur miserablo,
De fangi barboüilla, et fat tot comm'un Diablo,
Talamen que sans leu notron veisin Châlon (4),
Aurit alors perdu lo plus fameux Mitron.
Ah ! que sur de razeux ere drolo de veire,
De fameux étourdis à tou lou momen cheire
Din l'eiga à gros cuplot, semblan de gaburgeon,
Fasan de ten z'en ten tot comma lou plongeon ;
Mais ce que fut à tous un grand sujet de rire,
Et que sans ricagner je ne poyo pas dire,
Fut de veire un Soudar yvro sur un razet,
Chayant à tou momen, moüilla jusqu'à la pet,
San braye on lo veyet, n'ayan que sa chemisi,
Prononçan cou sur cou quoquo bella sottisi,
U fasiet deypeta son pourou compagnon,
Que l'y fasiet alors de son mieux la leçon :
Tot en se démenant, lo razet s'enfonçave,
Et lo pourou garçon maugra leu gaboüillave,
Levan le jambe en l'air, comm'efant de Bacu,
Montrave que lo vin l'aviet enfin vaincu.
Mais eyt assez parla de celes falibourdes
Que fasiont et disiont iqueles bêties lourdes ;
Veyon nombro de gen qui comma de vrai sot,
Per mieu veyre de loin, s'encouront à Rabot,
Et qui à lour retour ne trouvan plus passageo,
Son forcia per passa de payer doublo peageo
A de Gagni-deniers que porton sur lour cous

En carcailli, en payant, tou celou z'archifous.
D'autrous à S. André en haut du clochier monton,
Et d'avanci ut Bedot fau que d'argen u conton,
La plûpart à pieds nuds, presque tous en bonnets,
Vo z'auria cru d'en bas veire de martelets.

Din celou z'embarra lou Cochiers à la hâta,
Couron u z'eicuri sans bonnet, sans cravata,
Et mênon lour chivau per dessus lo rempart,
Craignant avec raison de s'y prendre trop tard ;
De charronta de fen promptamen se deypachon,
Et à de grou piquets lour chivaux u l'attachon,
Qu'on demoura trey jours entiers à l'air du ten,
Je creyo cependan que ne lour manquit ren.

Veiquia bien d'embarras, veiquia bien de miseiri,
Que no fara lon-ten fare mauvaisi cheiri :
Mais remarquons un pou la perta et lo dégât,
Que din divers endrets ce l'eiga no z'a fat,
Qu'a mei causa de ma, que n'aurit fat la guerra,
Sur lo Quais lo pavei eyt enfondra din terra,
A pena reste-to de chamin per passa,
A le Portes lous Pons se trovon tous cassa,
L'on ne veyt que de trou, et que de tas de piéres,
N'eyt resta rien d'entier en totes le maniéres,
Dedin tou lou z'endrets où ce l'eiga a versa,
L'oreillon d'un rampart se trove renversa,

Vis-à-vis lo glacy de la Porta de Bona.

Tou lou z'Entreprenour ont lo na long d'un'auna

Veyan en pou de ten tou lour travau brisia,

Sur lou qualo pourtant u s'éron tant fia.

Veiquia de grou z'en grou lo détail veritablo

Du Délugeo fatal, à tou si lamentablo,

Que no z'at tant causa de désolation,

Mais poursuivons incour noutra narration,

La not du vingt-dou, lorsque tou se deisolon,

Les eigues pou à pou per grand bonheur s'écolon,

Talamen qu'à la fin l'ou veyet lo matin,

A la pointa du jour pareitre lo chamin

To lo long de le ru, qu'eron plenes de fangi,

De l'hautour de dou pieds, d'una façon eitrangi ;

Per descendre chiez sy, lou pourou Boutiquier

Ne poyon s'empâchier de se bien gaboüiller ;

Se servon per marchier de quoqua buchi courba,

Et jusques u genou s'enfonçon din la bourba :

Per s'en pouvei tirier, ne fau pas être sot,

U trovon en intran tot san dessus dessot,

Le tables et lou bancs, lou buffets, lou z'armeiro.

Lou plours ici, lou plours, ma foi ne servon gueiro,

Lour fau per travaillier être un pou secouru,

Chacun sort sous z'eifats u mitan de la ru :

L'un en se démenan se mette comm'un Diablo,

L'autre u bout d'un bâton d'una pot fat un riablo,

Tot travaille à la fey, per se deibarrassier,

Chacun voudriet belas ! son travail avancier.

L'un se fat un chamin per trouva de vuidangi,

Per repoussa dehors cela puanta fangi ;

L'autro de son foyer enleve la loupa,

Per se fare du moin quoque pou de soupa.

Chacun devint curet, chacun pren una pâla,

Lou plu gran fignolour sont en chemisi sala :

Enfin de gaboüillier lo plus fier n'a pas pou ,

L'y a bien en effat de besogni per tou :

Ne fau pas ren tenir se man dedin se pôches ,

Inqueu tous lou Messieurs ont u pieds de galoches,

Et portont à lour man chacun de gran bâtons

Ressemblant la plus part à de vrais marmitons.

Jamais on n'aviet veu una chousa semblabla ,

Ni jamais de journa en tot si lamentabla ;

On est contraint per tot per passa de gaffa ,

Et l'on ressemble tous à de vrai moustaffa,

Bien de gens à chivat rodon per le charreires ,

Per sçavey en détail toutes celes miseires ,

Per pouvey contempla lo teiriblo deigât

Qu'à tou lou z'Habitan ceu gran Délugeo a fat.

Mais avant de finir ceu récit pitoyablo ,

Annonçons à chacun lo zelo incomparablo

De Monsieur Jomaron , qu'a sceu si sagimen ,

Permi tant de fracas prendre un arrengimen.

No devon en effat à sa gran prevoyanci,

Lo bonheur d'avei veü surveni l'abondanci

Du Bla din lo païs, qui bien loin d'augmenta,

Se donnit à bon prix, en granda quantita.

D'abord qu'u l'aperçût arriva ceu desordre,

U Pont de Beauvoisin u l'envoït un ordre

A son Subdelega d'envoyer promptamen

Tot lo Bla qu'u pourriet per lo solagimen

Du pourou z'Habitans, qu'eron din la tristessa,

Et qu'ouriont tous peri sans sa granda sagessa.

Lo Bla qu'u fit venir arrivit à propou,

Et se vendit plus ba qu'autre fei de trei sou.

Que diron-nous incour de cela diligenci

Qu'u montri tot d'un cop, lorsque per sa prudenci,

En veyant nôtron Pont sur lo point d'éboula,

U l'ordonnit d'abord vîto d'amoncela

De Piéres din l'endret où l'Izera minave,

Et à beaux yeux veyant lo terrain entraînave,

Sans leu lo Magazin du vivre ouriet peri,

Car sou z'ordres prudens lo miront à l'abri

D'un semblablo malheur, alors u fit pareître

Son bon discernamen, veyant l'Izera creitre,

U fit ceu Magazin promptamen tançonna,

Jamais ordre ne fut plus sagimen donna.

Eyt ben à tot à leu que l'on eyt redevablo

Du secours qu'on donnit à chaque miserablo,

Ordonnant u Consuls, comm'un bon Intendan,

De fare promptamen enfourna forci Pan,

Per lo distribuïer en granda diligenci,
Promettant de tenir compto de la deipenci;
Aussi dedin lo Ciel Dieu lo couronnara,
Et sur terra toûjours de biens lo comblara.

Mais ne sariet-t'o pa commettre un injustici,
De ne pas raconta ce qu'à fat la Polici
Din ceu désordre affrou? Ouey, je meritarien
Tou lou jour un Verbal, si je n'en disien rien.
Musa, r'anima-te, quoique te sayes lassa,
Ce que t'as de meillour din cet endret ramassa;
Jamais te n'a trova meillour occasion,
Per fare veire à tou ta gran soumission,
A celou qu'on sur ty puissanci tot enteiri,
Sans ellou te n'ouria jamai veu la lumeiri,
Racontons en détail et sans menagimen
Comma celou Messieurs ont agi sagimen.
La not sombra, la not, maugra sa roba neiri,
Ne lou z'a tey pas veu dedin chaque charreiri
Trota comma barbets, din la necessita,
Per pouvei de lour mieu lo public assista?
Monsieur lo L'eutenant (5) en veyant lo désordro
De l'eiga que creissiet, songe de mettre un ordro,
Per que lo z'Habitans ne manqueison de ren
Envoyant averti lo Premier Présiden
Du malheur, du dégat que din talou ravageo
L'Izera deborda fasiet, et lo dommageo

Qu'u causavc-t-à tou, court sans sc ménagier,
Comm'un bon Magistrat chez tou lou Boulongier,
Lou contraindre à pâta, per bonna prevoyanci,
Afin d'avei de Pan per donna subsistanci
A tou lou Malheirou, l'on veyt Maître Bastet (6),
Per sous z'ordres courir, monta sur un bidet,
Jusqu'u bout du Fauxbourg, ceu premier Commissairo,
Ordonna sagiment tot ce qu'eyt necessairo
Et pendant quatro jours, lo matin, sur lo tard,
On lo veyct monta sur son chivat bayard,
Allant et revenant per toutes le charreires,
Chez tou lou Boulongiers, chez toute le Boucheires,
N'épargnan ni veisin, ni mêmo veysina,
Transportant devant leu de sac de farina
Chez celou que pouvion san dangier de Pan fare,
N'y ayan plu per leu ni cousin ni coupare,
Lou fasan travailler de la bonna façon,
Transportant en croupa dernier leu de Mitron
Per suffir u travail, enfin ren l'arrêtave,
Per lo besoin public u se sacrifiave,
Pendan lou quatro jour ne menagit en ren
Ni repou, ni santa, ni mêmo son argen.
Jamais l'on n'a montra mei que leu de franchisi,
Quoi qu'u fusse moüilla tot jusqu'à la chemisi,
U n'aviet pou de ren, galopave toujour,
Per fare son devey tant la not que lo jour.

Mais cependant yequia la veilli de Chalande,

Et lo malheur public lo travail no demande.

Que faron-t'es helas! tant de pourou z'ouvriers,

Que n'on déjà ren fat dépui cinq jours entiers,

Per s'achita de Pan, per passa le trei Fêtes?

Ne vo z'allarma pa, lou Curau font de Quêtes,

Et vo soulagiron sans douta de lour mieux,

Et per vo consola saront ingenieux.

Notron digno Prelat din miseiri si granda,

Permet lo Vendredi l'usageo de la vianda,

Et lou dou derniers jours n'y oura point d'ouvrier,

Qui san fare pechié ne pouesse travailler.

Prion tou lo bon Dieu d'apaisier sa colera,

De ne no plu punir de façon si austera;

Mais si no desiron de calma son courroux,

Et d'un Jugeo irrita en fare un pare doux,

Cessons de l'offença et fason penitenci;

Son cour cede toûjours à noutra repentenci;

Et lors qu'u no verra din la contrition,

U l'oura per lo seur de no compassion.

A GRENOBLE,

Chez ANDRÉ FAURE, Imprimeur-Libraire,

M. DCC. XLI.

AVEC PERMISSION.

NOTICE SUR ANTOINE REINIER.

L'inondation de 1733 avait été chantée en vers patois de Grenoble ; celle du 24 décembre 1740 eut aussi son poète. Il parut sur ce sujet, et bien peu de temps après le désastre de cette année, une pièce de vers du même genre : *Grenoblo inonda ou recit circonstancia du malheurs qu'a causa l'inondation arriva le vingt-un décembro mil sept cens quaranta ; poëmo patois par le sieur A. R.* — A Grenoble, chez André Faure, imprimeur-libraire, rue du Palais, M. DCC. XLI, avec permission, in-8°, de 48 pages.

Ce poème et son auteur simplement désigné sous les initiales A. R., ne sont cités nulle part ; aucun ouvrage n'en fait mention ; ils sont totalement restés ignorés à Charvet (Bibliothèque du Dauphiné, édition de 1797), à M. Champollion, à MM. Jules Ollivier et Colomb de Batines ; en un mot, aux biographes et autres auteurs qui se sont occupés de travaux bibliographiques sur le Dauphiné.

D'après nos recherches, l'auteur du poème s'appelait Antoine Reinier. C'était un modeste maître d'école de Grenoble, demeurant sur la place Grenette, dans la maison qu'habitait un boulanger nommé Pierre Chalon (1), qu'il mentionne dans son poème, après avoir d'une manière burlesque raconté l'aventure vraie ou supposée arrivée à l'un de ses ouvriers :

> *Talamen que sans leu notron veisin Chalon*
> *Aurit alors perdu lo plus fameux mitron.*

Voilà tout ce que nous avons pu trouver sur Antoine Reinier. Son poème, d'un style clair et correct, est orné de peintures quelquefois gracieuses, mais qui se ressentent peut-être trop des prétentions scolastiques de l'auteur.

---

(1) Rôles de capitation des habitants de Grenoble, années 1740 et 1741.

NOTES SUR GRENOBLO INONDA.

⸻

(1) On désigne sous le nom de Chalemont la partie de la ville sur le coteau appelé aussi, dans les actes anciens, mont Esson. Le nouveau nom lui vient de son accès difficile et rampant; il signifie, à proprement parler, échelle de la montagne *(Scala montis)*.

(2) M. de Piolenc, premier président du parlement de Grenoble.

(3) M. de Caulet, évêque de Grenoble.

(4) Pierre Chalon, boulanger sur la place Grenette, et qui demeurait dans la même maison que l'auteur du poème.

(5) Le lieutenant général de police.

(6) Pierre Bastet, commissaire de police.

FIN.

Inondations du 2 novembre 1859. — Vue prise le 2, à trois heures du soir. Sur les premiers plans, à droite, la **Terrasse du Jardin de Ville**; un peu plus loin, la **Préfecture** et l'**Hôtel de Ville**; au milieu, les maisons Perrard et Crozet; le quai Napoléon, qui borde ces maisons du côté de l'Isère, est recouvert jusque par-dessus les parapets, et on n'aperçoit plus que les candélabres du gaz. Sur la gauche, le quai planté de la Perrière, entièrement submergé aussi. Dans le fond, le pont Suspendu et l'entrée de la rue Saint-Laurent.

Imprimé chez Maisonville et Fils, — par Fᵉ Rey.

LA PLACE SAINTE-CLAIRE, le 5 novembre. Vue prise de la rue Pertuisière. A gauche, dans le fond, l'entrée de la rue des Vieux-Jésuites. Au milieu, la rue Sainte-Claire. A droite le marché couvert.

LA PLACE VAUCANSON, dans la nouvelle ville, le 5 novembre. En face, l'hôtel de la Banque de France.

LA PORTE CRÉQUI, le 3 au matin. L'artiste, en le reportant sur le bois, a omis de *retourner* ce dessin, qui n'est exact que si on le regarde réfléchi dans une glace. A gauche, le talus des Glacis emporté, ainsi que les balustrades de fer qui bordaient l'avenue extérieure de la porte. Dans le fond, le pont de pierre.

LA MAISON DES TRIPIERS, sur le chemin qui mène au Polygone, le long de l'Isère, à peu de distance de l'Abattoir. Cette maison était construite en *pisé*. Elle s'écroula le 2 novembre, après midi.

Le Pont de Pierre, vue prise de l'hôtel de la Cité. En face, la partie la plus élevée du quai Perrière. Au-dessus, la citadelle de Rabot. A gauche, dans le fond, la porte de France.